Zelf leren schrijven

Zelf leren schrijven
Schrijfvaardigheid voor psychologie, pedagogiek en sociale wetenschappen

Vierde druk

Margriet Ackermann
Eveline Osseweijer
Henk Schmidt
Henk van der Molen
Estella van der Wal
Marike Polak

Met behulp van onderstaande unieke activeringscode kun je een studentaccount aanmaken op **www.zelflerenschrijven.nl**, voor toegang tot extra materiaal bij dit boek. Deze code is persoonsgebonden en gekoppeld aan de 4e druk. Na activering van de code is de website twee jaar toegankelijk. De code kan tot zes maanden na het verschijnen van een volgende druk worden geactiveerd.

6039-GF-62-XP

Omslagontwerp: Cunera, Amsterdam
Foto omslag: DR-images
Opmaak binnenwerk: Textcetera, Den Haag

© Ackermann, Osseweijer, Schmidt, Van der Molen, Van der Wal, Polak & Boom uitgevers Amsterdam, 2018

Behoudens de in of krachtens de Auteurswet gestelde uitzonderingen mag niets uit deze uitgave worden verveelvoudigd, opgeslagen in een geautomatiseerd gegevensbestand, of openbaar gemaakt, in enige vorm of op enige wijze, hetzij elektronisch, mechanisch, door fotokopieën, opnamen of enige andere manier, zonder voorafgaande schriftelijke toestemming van de uitgever.

Voor zover het maken van reprografische verveelvoudigingen uit deze uitgave is toegestaan op grond van artikel 16h Auteurswet dient men de daarvoor wettelijk verschuldigde vergoedingen te voldoen aan de Stichting Reprorecht (Postbus 3051, 2130 KB Hoofddorp, www.reprorecht.nl). Voor het overnemen van (een) gedeelte(n) uit deze uitgave in bloemlezingen, readers en andere compilatiewerken (art. 16 Auteurswet) kan men zich wenden tot de Stichting PRO (Stichting Publicatie- en Reproductierechten Organisatie, Postbus 3060, 2130 KB Hoofddorp, www.stichting-pro.nl).

No part of this book may be reproduced in any form, by print, photoprint, microfilm or any other means without written permission from the publisher.

ISBN 978 90 5875 603 9
ISBN 978 94 6127 970 5 (e-book)
NUR 624

www.zelflerenschrijven.nl
www.boomhogeronderwijs.nl

Woord vooraf

Afgestudeerden van universiteit en hogeschool moeten in hun werk regelmatig stukken schrijven. Of het nu gaat om een beleidsnota, een wetenschappelijk artikel of een rapportage over een cliënt, steeds is een goed gestructureerde en een heldere schrijfstijl van groot belang. Professioneel schrijven houdt in: je ideeën duidelijk verwoorden, zodat de bedoeling ervan overgebracht wordt bij de lezer. Wie slecht schrijft, wordt vaak niet serieus genomen. Een beleidsnota die onbegrijpelijk is, belandt onder in de la. Een vernieuwend wetenschappelijk artikel wordt afgewezen als het vol taalfouten staat. Een onduidelijke rapportage over een cliënt leidt ertoe dat deze daarna niet goed geholpen wordt.

Vaak blijkt dat de kwaliteit van de schriftelijke producten van hoger opgeleide mensen veel te wensen overlaat. Jonge mensen die net zijn afgestudeerd, hebben dikwijls nog moeite met goed schrijven. Schrijven kun je echter leren door veel oefening. Bij die oefening dienen verschillende schrijfvaardigheden onderscheiden te worden, zoals goed structureren, foutloos spellen en adequaat kunnen samenvatten. Als het goed is, krijgen studenten al tijdens hun opleiding een intensieve schrijftraining. Bijvoorbeeld doordat ze veel verslagen moeten maken die door docenten worden gelezen en van commentaar worden voorzien. In de praktijk van het hoger onderwijs blijft oefening in schrijfvaardigheid echter meestal een ondergeschoven kindje. Goed commentaar geven op schriftelijke verslagen kost veel tijd en is daardoor ook duur. Bovendien is het nakijken van verslagen vaak frustrerend voor docenten. Studenten maken namelijk veel dezelfde fouten, waardoor docenten steeds hetzelfde commentaar moeten geven. Docenten vinden dat nakijken dan ook dikwijls 'zonde van hun tijd'. Bij veel onderwijsinstellingen blijft het schrijfonderwijs daarom meestal beperkt tot het schrijven van een aantal verslagen, met minimale instructies en met weinig specifiek commentaar van de docent. Verwacht wordt dat de studenten het schrijven min of meer vanzelf leren tijdens het maken van die verslagen voor de verschillende vakken. Bij zulke verslagen ligt de nadruk echter meestal op de inhoud en niet op de wijze waarop de tekst is opgeschreven. Het resultaat van dit alles is dat veel studenten in het hoger onderwijs niet echt goed leren schrijven.

Om iets aan dit probleem te doen hebben de auteurs van dit boek, allen verbonden aan het Instituut voor Psychologie van de Erasmus Universiteit Rotterdam, de afgelopen jaren een digitale cursus, *Zelf leren schrijven*, ontwikkeld. Het doel van deze cursus is studenten gerichter te laten oefenen met verschillende 'micro'-schrijfvaardigheden, zonder dat docenten veel tijd hoeven te steken in instructie en commentaar. De naam van de cursus geeft aan dat de nadruk ligt op zelfstandige oefening van de verschillende vaardigheden. De cursus bestaat uit negen digitale programma's, ook wel ViP's genoemd[1], waarin verschillende deelvaardigheden geoefend kunnen worden. Voorbeelden van deze deelvaardigheden zijn: het maken van een goede alinea-indeling, zorgen voor een goede onderlinge samenhang tussen zinnen en alinea's, en het formuleren van een specifieke vraagstelling. Elke ViP begint met *uitleg* over een bepaald aspect van schrijven. Deze uitleg leidt tot een *vuistregel*, een soort richtlijn die studenten aan kunnen houden bij het schrijven van een verslag. Voorbeelden van vuistregels zijn: 'behandel slechts één onderwerp per alinea' en 'vermijd omslachtige zinsconstructies'.

Hierna volgen dan een aantal *korte oefeningen* waarbij studenten de vuistregel moeten gebruiken. Het programma biedt dus niet alleen informatie over verschillende microvaardigheden, maar het brengt studenten er ook toe die informatie toe te passen. Aangezien er geen strikte regels bestaan voor wat uiteindelijk een goede tekst is, bestaat de feedback op de gemaakte oefeningen meestal uit een goed voorbeeld, de zogenaamde *expertversie*. Dit goede voorbeeld is geschreven door iemand die daar veel ervaring in heeft. Studenten kunnen hun eigen antwoord met de expertversie vergelijken. Uiteindelijk kunnen ze de vuistregels gebruiken om een eigen schrijfopdracht te maken en deze te reviseren. Door op deze manier schrijfonderwijs te volgen krijgen studenten inzicht in een groot aantal regels die voor het schrijven van een tekst van belang zijn. De oefeningen in de ViP's bieden een manier om vaardiger te worden in het schrijven, zonder dat een docent steeds teksten moet nakijken en daar commentaar op hoeft te geven. Door de

---

1 De naam 'ViP's' is gekozen omdat de programma's deel uitmaken van een grotere verzameling programma's die alle bedoeld zijn om bepaalde Vaardigheden in de Psychologie (ViP) aan te leren. Soms worden ze ook wel 'schrijf-ViP's' genoemd.

algemene uitleg in elke ViP wordt tevens het probleem ondervangen dat docenten vaak dezelfde uitleg aan verschillende studenten moeten geven.

De cursus *Zelf leren schrijven* is, zoals gezegd, ontwikkeld aan het Instituut voor Psychologie van de Erasmus Universiteit Rotterdam (EUR). Al sinds het studiejaar 2003-2004 hebben we geëxperimenteerd met de digitale programma's in de eerste twee jaar van de opleiding Psychologie. De onderwijsenquêtes laten zien dat studenten het werken met de programma's als nuttig ervaren. De vuistregels worden duidelijk en toepasbaar gevonden. De meeste studenten (namelijk 76%) werken liever met het digitale programma dan alleen met het boek, omdat ze de lessen uit het programma dan meteen in praktijk kunnen brengen. Hoewel helder schrijven niet eenvoudig te leren is, blijken studenten het programma over het algemeen als 'goed' te waarderen.

Dit boek is te gebruiken als naslagwerk. Het bevat alle informatie die ook in de digitale programma's is verwerkt, zodat deze makkelijk nog een keer na te lezen is. Bovendien bevat het een korte instructie voor docenten en voor studenten over het gebruik van de ViP's. De ViP's zelf zijn beschikbaar op de website bij dit boek **www.zelflerenschrijven.nl**. In het boek vindt de lezer een toegangscode waarmee deze de site kan bezoeken. Docenten kunnen bij de uitgever een code opvragen waarmee zij eveneens toegang tot de site krijgen. Daar kunnen zij hun studenten vinden en de resultaten van de training bekijken.

Wijziging ten opzichte van de vorige editie

In deze editie is er meer aandacht voor het schrijven van een wetenschappelijk review-artikel. Hierbij beschrijven we de kenmerken van een wetenschappelijk review-artikel en de fases van het schrijfproces van dit type artikel. In lijn met deze uitbreiding hebben we een nieuw hoofdstuk gewijd aan het zoeken en selecteren van wetenschappelijke literatuur en is er in het algemeen meer aandacht voor het beschrijven en verwerken van wetenschappelijke bronnen in de tekst. Aan dit onderwerp zijn ook een aantal nieuwe oefeningen gekoppeld.

Dankwoord

De vernieuwing van de huidige editie van dit boek is mede tot stand gekomen in samenwerking met Judith Gulpers, Faculty liaison Filosofie & Psychologie van de Universiteitsbibliotheek van de Erasmus Universiteit Rotterdam. Wij willen Judith graag bedanken voor haar bijdrage aan het ontwikkelen van informatie- en oefenmateriaal met betrekking tot het zoeken van wetenschappelijke literatuur in Scopus.

We bedanken prof. dr. Jos ten Berge van de Faculteit Gedrags- en Maatschappijwetenschappen van de Rijkuniversiteit Groningen voor het commentaar op de vorige druk, dat heeft geleid tot diverse verbeteringen in de tekst.

De auteurs houden zich aanbevolen voor commentaar. Via de website kunt u dat aan ons doorgeven.

Drs. Margriet Ackermann
Eveline Osseweijer
Prof. dr. Henk G. Schmidt
Prof. dr. Henk T. van der Molen
Estella van der Wal, MSc
Dr. Marike Polak

Inhoud

Woord vooraf 5

Gebruik van de ViP's door docenten 11

Gebruik van de ViP's door studenten 13

Kort overzicht van de inhoud van de ViP's 15

1 ViP-1: Algemene structuur 17
  Inleiding 17
  Deel 1: Titel en kopjes 18
  Deel 2: De algemene structuur van een tekst 20
  Deel 3: De structuur van alinea's 21

2 ViP-2: Wetenschappelijk review-artikel 25
  Inleiding 25
  Deel 1: Wat is een wetenschappelijk review-artikel? 26
  Deel 2: Hoe komt een review-artikel tot stand? 28

3 ViP-3: Voorbereiding op het schrijven 33
  Inleiding 33
  Deel 1: Oriëntatie en verkennend literatuur zoeken 33
  Deel 2: Zoekprofiel maken 35
  Deel 3: Verfijnen van de vraagstelling en het zoekprofiel 38
  Deel 4: De selectie van literatuur en het beschrijven van de methode 42

4 ViP-4: Het schrijven van de inhoud 47
  Inleiding 47
  Deel 1: De algemene opbouw van een wetenschappelijk review-artikel 48
  Deel 2: De inleiding 49
  Deel 3: Het middenstuk 53
  Deel 4: De discussie en conclusie 59
  Deel 5: De samenvatting 62

5	**ViP-5: Refereren, parafraseren en citeren**	69
	Inleiding	69
	Deel 1: Refereren	70
	Deel 2: Parafraseren en citeren	82
6	**ViP-6: Argumentatie**	89
	Inleiding	89
	Deel 1: Voorbereidend denkwerk voor je artikel	90
	Deel 2: Argumentatievormen	91
	Deel 3: Wetenschappelijke argumentatie	97
	Deel 4: Argumenten en referenties	99
7	**ViP-7: Cohesie en zinsconstructies**	105
	Inleiding	105
	Deel 1: Cohesie in een tekst	105
	Deel 2: Zinsconstructies	110
8	**ViP-8: Wetenschappelijke schrijfstijl**	115
	Inleiding	115
	Deel 1: Schrijfstijl en taalgebruik bij wetenschappelijk schrijven	115
9	**ViP-9: Revisie en afwerking**	129
	Inleiding	129
	Deel 1: Revisie op grammatica en interpunctie	130
	Deel 2: Revisie op de inhoud van je artikel	138
	Deel 3: Vormvoorschriften	140

Bijlage: Beoordelingsformulier schrijfonderwijs	151
Geraadpleegde literatuur	155
Trefwoordenregister	157
Over de auteurs	159

Gebruik van de ViP's door docenten

De ViP's zijn op verschillende manieren in te zetten in schrijfvaardigheidstrainingen. Als docent bent u natuurlijk vrij in hoe u deze gebruikt. Als voorbeeld geven we hier een beschrijving van de manier waarop de ViP's worden gebruikt in het schrijfonderwijs van de opleiding Psychologie aan de Erasmus Universiteit.

Een voorbeeld: het schrijfonderwijs bij Psychologie aan de Erasmus Universiteit
Het schrijfonderwijs binnen de opleiding Psychologie bestaat uit twee cursussen, die achtereenvolgens in het eerste en tweede jaar van de bacheloropleiding gegeven worden. De kern van elke cursus is een *schrijfopdracht* die met de digitale programma's ondersteund wordt. In beide jaren bestaat de opdracht uit het schrijven van een kort wetenschappelijk review-artikel, waarin een centrale vraag op basis van literatuuronderzoek moet worden beantwoord. In het tweede jaar wordt echter een meer kritische verwerking van de literatuur vereist. Alle schrijf-ViP's worden in het eerste jaar door de studenten doorlopen, in het tweede jaar kunnen studenten de schrijf-ViP's nog eens raadplegen om de richtlijnen voor de verschillende aspecten van het schrijven nog eens op te frissen. De opzet van het onderwijs volgt de drie fases die in het schrijfproces onderscheiden kunnen worden: voorbereiden, schrijven en reviseren.

In de eerste fase krijgen de studenten de gelegenheid zich voor te bereiden op hun schrijfopdracht. Hierbij moet gedacht worden aan de oriëntatie op een onderwerp, het formuleren van een afgebakende centrale vraag en het zoeken, lezen en evalueren van relevante literatuur. In deze eerste fase werken studenten aan een structuuropzet van het artikel. Studenten moeten hierin de indeling in kopjes alvast weergeven en per kopje kort uitleggen wat ze gaan bespreken en uit welke bronnen deze informatie komt. In deze periode doorlopen studenten de eerste drie schrijf-ViP's en passen ze de geleerde vuistregels toe bij het opstellen van hun structuuropzet. Als afsluiting van de voorbereidende fase leveren studenten hun structuuropzet in. Deze wordt niet beoordeeld, maar wel voorzien van feedback. Veel studenten hebben namelijk moeite met het opstellen van een goede structuur voor het artikel.

In de tweede fase schrijven studenten een eerste versie van het artikel. In deze periode doorlopen ze schrijf-ViP 4, 5 en 6 en passen ze de geleerde vuistregels toe op het schrijven van deze eerste versie. Ook deze versie wordt voorzien van feedback. Aangezien veel studenten pas iets af hebben als dat werkelijk moet, wordt de revisiefase van schrijven vaak overgeslagen. Omdat het toch belangrijk is dat studenten leren om hun eigen schrijfproducten kritisch na te lezen en te verbeteren, is in de opzet van het onderwijs gekozen voor deze tussentijdse deadline voor de eerste versie.

Nadat studenten de feedback op hun eerste versie hebben ontvangen, beginnen ze met het herschrijven van hun artikel. In deze periode doorlopen ze de laatste schrijf-ViP's. Aan de hand van de geleerde vuistregels moeten ze hun artikel zin voor zin nakijken en nagaan of er passages of zinnen verbeterd kunnen worden. Aan het einde van deze fase moet de schrijfopdracht definitief bij de docent worden ingeleverd. De beoordelingscriteria die gebruikt worden bij het nakijken, zijn gebaseerd op de inhoud van de schrijf-ViP's. In het tweede jaar worden bij de beoordeling dezelfde criteria als in het eerste jaar gebruikt. Zie voor deze beoordelingscriteria de bijlage aan het eind van dit boek.

Gebruik van de ViP's door studenten

Wanneer je dit boek hebt moeten aanschaffen voor je studie, dan zal je opleiding wellicht hebben voorgeschreven hoe met deze ViP's te werken. Het kan ook zijn dat je uit eigen interesse dit boek hebt aangeschaft om je schrijfvaardigheid te vergroten. In dat geval kun je de ViP's doornemen in een volgorde die je zelf het nuttigst vindt. De verschillende ViP's zijn onafhankelijk van elkaar te gebruiken. Als tip geven we mee om de tijd te nemen voor het reviseren van je tekst. Wanneer je denkt klaar te zijn met de tekst, leg die dan een paar dagen weg en kijk er daarna nog eens grondig naar. Ook doe je er verstandig aan je tekst door een derde te laten lezen en om commentaar te vragen op punten waarvan je minder zeker bent. De vuistregels die je tijdens het werken met de schrijf-ViP's leert, kun je gebruiken als richtlijn tijdens het schrijven en reviseren van je tekst. Dit boek kun je gebruiken als naslagwerk om de vuistregels en de uitleg daarbij nog eens op te zoeken.

Kort overzicht van de inhoud van de ViP's

ViP-1: Algemene structuur behandelt de algemene structuur van een tekst. Hoe kunnen studenten ervoor zorgen dat de rode draad van een verslag zichtbaar is voor de lezer? De structuur heeft in de eerste plaats betrekking op de verschillende paragrafen van het verslag. Per paragraaf is er weer een opbouw in alinea's.

ViP-2: Wetenschappelijk review-artikel gaat in op de kenmerken van een wetenschappelijk 'review'-artikel (*review* is Engels voor 'overzicht van de literatuur'). In deze ViP wordt uitgelegd wat een review-artikel is en hoe het tot stand komt. Dit doen we door kort in te gaan op de verschillende fases van het schrijfproces.

ViP-3: Voorbereiding op het schrijven gaat in op de voorbereidende fase van het schrijfproces. In deze ViP leren studenten hoe ze zich kunnen oriënteren op het onderwerp, hoe ze een zoekprofiel kunnen opstellen en welke zoekmethoden ze kunnen toepassen om relevante literatuur te vinden.

ViP-4: Het schrijven van de inhoud gaat in op de structuur van een wetenschappelijk 'review'-artikel. Deze ViP behandelt welke informatie gegeven moet worden in de inleiding, in het middenstuk, in de discussie en conclusie en in de samenvatting van een dergelijk artikel of verslag.

ViP-5: Refereren, parafraseren en citeren gaat in op hoe studenten literatuur van anderen kunnen gebruiken in hun artikel, zonder plagiaat te plegen. Hiervoor worden voor psychologie- en pedagogiestudenten de regels en richtlijnen gebruikt van het internationaal toonaangevende referentiesysteem van de American Psychological Association (APA). Deze regels kunnen ook gebruikt worden voor andere sociale wetenschappen. Studenten leren hoe ze een referentielijst opstellen en hoe ze in de tekst naar literatuur van anderen verwijzen. Vervolgens wordt ingegaan op het in eigen woorden weergeven van andermans tekst (parafraseren) en op de regels voor het citeren.

ViP-6: Argumentatie gaat over verschillende typen argumenten en argumentatiestructuren. Deze ViP behandelt hoe studenten een standpunt kunnen onderbouwen in hun artikel, waarbij specifiek wordt ingegaan op de kenmerken van wetenschappelijke argumentatie. Ook wordt ingegaan op redeneerfouten zoals drogredeneringen.

ViP-7: Cohesie en zinsconstructies gaat in op de samenhang in de tekst en het formuleren van zinnen. Hier wordt uitgelegd hoe studenten ervoor kunnen zorgen dat het verhaal één geheel vormt en niet van de hak op de tak springt. Ook wordt ingegaan op verschillende zinsconstructies en welk type zinnen makkelijker of moeilijker te lezen is.

ViP-8: Wetenschappelijke schrijfstijl gaat over de schrijfwijze die gepast is binnen een wetenschappelijke context. De stijl waarin iets geschreven wordt, moet passen bij het communicatieve doel van de tekst. Een journalist mag bijvoorbeeld in een column in de krant een ironische stijl hanteren, maar in een wetenschappelijk artikel is dat minder gepast. In de wetenschap is het gebruikelijk zo objectief mogelijk, formeel en helder te schrijven. De studenten krijgen in deze ViP uitleg over hoe ze dat het beste kunnen doen.

ViP-9: Revisie en afwerking gaat in op enkele grammaticale regels waarmee veel studenten fouten maken. Ook wordt het gebruik van leestekens (interpunctie) kort behandeld. Verder wordt er aandacht besteed aan de laatste inhoudelijke aanpassingen. Staat alle benodigde informatie duidelijk in de tekst? Tot slot komt de uiterlijke verzorging van een tekst aan bod. Hierbij worden de vormvoorschriften behandeld volgens de richtlijnen van de American Psychological Association over bijvoorbeeld lay-out en het gebruik van tabellen en figuren.

ViP-1: Algemene structuur

Inleiding

Het klinkt misschien een beetje als een open deur, maar een goed geschreven stuk – of het nu een practicumverslag, een literatuurverslag of een essay is – kenmerkt zich door een goede structuur. Hoe een verslag gestructureerd is, kun je herkennen aan verschillende aspecten. We bespreken ze hieronder kort.

Het duidelijkst van die aspecten is de *indeling* van een verslag. Door naar de inhoudsopgave of de verschillende kopjes te kijken krijg je al een goede indruk van de structuur. Daarnaast is het ook belangrijk dat de structuur van je verslag *logisch* is. Mensen hebben vaak al verwachtingen over de opbouw van je verhaal. Bij het lezen van de inleiding bijvoorbeeld moet het voor de lezer snel duidelijk worden wat het onderwerp is van je tekst, anders zal deze zijn aandacht verliezen. Je moet als schrijver ook duidelijk maken wat je wilt vertellen over dit onderwerp, ofwel wat je *doel* is. In een literatuurverslag doe je dit meestal door naar een *centrale vraagstelling* toe te werken. De lezer verwacht daarna informatie te krijgen die bijdraagt aan de *beantwoording* van deze vraagstelling. Stel dat je de volgende vraagstelling hebt: 'Wat is de invloed van een verhoogde werkdruk op de efficiëntie van verpleegsters?' Je zou dan kunnen schrijven over werkdruk in het ziekenhuis, hoe je werkdruk en efficiëntie meet, en over onderzoek dat daarnaar gedaan is. Je leert dus dat je alleen informatie dient te geven die direct relevant is voor je vraagstelling.

Ook op een lager niveau in de tekst is een goede structuur belangrijk. Bijvoorbeeld bij de *opbouw van alinea's* en bij de *overgangen tussen alinea's*. Het construeren van alinea's is een van de belangrijkste vaardigheden bij het schrijven van een tekst. Een goede structuur van alinea's geeft aan dat de auteur heeft nagedacht over de tekst. Een tekst is namelijk niet simpelweg een verzameling van losse zinnen, maar een vlechtwerk van onderling samenhangende zinnen.

In deze schrijf-ViP staat de structuur van een tekst centraal. Je krijgt uitleg over de manier waarop je voor een goede structuur in een tekst kunt zorgen. Daarnaast oefen je in het aanbrengen van structuur in teksten van anderen en in die van jezelf.

Deel 1: Titel en kopjes

De structuur van een verslag wordt op het eerste oog duidelijk door de indeling van de tekst. De titel van je verslag en de kopjes van de verschillende onderdelen geven de globale structuur aan. De lezer stelt zijn of haar verwachtingen over de inhoud van de tekst vast aan de hand van deze indeling. Wil je een goede structuur in je tekst hebben, dan moet je zorgen voor een duidelijke titel en passende kopjes.

De titel van je verslag

Vaak is de titel het eerste wat iemand leest van een tekst. Een goede titel bevat de verschillende inhoudelijke elementen waaruit de tekst bestaat, zoals in titel 1.

1. 'Het effect van conformiteit en groepsgerichte motivatie op het verwerven van status in een kleine groep'

Hier staat heel duidelijk vermeld welke elementen in deze tekst worden behandeld. De titel van een tekst is dus het eerste aspect waarin de structuur van je verhaal tot uitdrukking kan komen. Let erop dat je titel niet te algemeen is, zoals titel 2.

2. 'Schizofrenie'

De lezer weet nu dat het stuk over schizofrenie gaat, maar wat er precies besproken gaat worden is hier onduidelijk. De lezer kan zo geen verwachtingen over de inhoud ontwikkelen en bijvoorbeeld beslissen of hij het stuk wel of niet wil lezen. Titel 3 is een voorbeeld van een betere titel:

3. 'Verschillende behandelmethoden van schizofrenie'

De lezer weet nu dat het over de behandeling van schizofrenie gaat. Mocht deze dus geïnteresseerd zijn in bijvoorbeeld het ontstaan van deze stoornis, dan zal de lezer een andere tekst moeten zoeken.

Je hebt ook speelse of pakkende titels die de interesse van de lezer opwekken, maar totaal niet aangeven waar de tekst verder over gaat. Neem bijvoorbeeld titel 4:

4. 'Spiegeltje, spiegeltje aan de wand, wie is de mooiste van het land?'

Deze titel geeft niets weg over de inhoud van de tekst. Dit probleem kun je ondervangen door een ondertitel te geven die wel precies aangeeft wat de lezer kan verwachten van de inhoud, zoals in titel 5 gedaan is.

5. 'Spiegeltje, spiegeltje aan de wand, wie is de mooiste van het land? Verklaringen van culturele verschillen in het hanteren van een schoonheidsideaal'

Vuistregel 1
Zorg dat de titel van je verslag duidelijk aangeeft waarover je tekst gaat.

Oefening 1

Kopjes in je verslag
De kopjes van de verschillende onderdelen in je verslag zijn _handige structuuraanduiders_. Je moet er wel voor zorgen dat ze goed weergeven wat je onder dat kopje gaat bespreken. Noem het middenstuk van je verslag geen 'middenstuk', maar deel het op in de verschillende deelonderwerpen die je gaat bespreken en geef deze passende kopjes.

Vuistregel 2
Zorg dat de kopjes in je verslag goed de inhoud weergeven van wat je daaronder gaat bespreken.

Oefening 2

Deel 2: De algemene structuur van een tekst

Stel dat je een willekeurig artikel gaat lezen uit een tijdschrift dat je hebt gevonden in de (elektronische) bibliotheek. Wat verwacht je in de inleiding te lezen? En wat in de rest van het artikel?

Als lezer heb je bepaalde verwachtingen over de inhoudelijke opbouw van een tekst. De algemene structuur van een tekst wordt duidelijk als je de volgende drie vragen probeert te beantwoorden: Wat is het onderwerp? Wat is de centrale vraag? Wat is het antwoord op die vraag?

Als schrijver moet je inspelen op de verwachtingen van de lezer en er ook voor zorgen dat deze drie vragen na lezing te beantwoorden zijn door de lezer.

Vuistregel 3
Zorg voor een duidelijke structuur in je tekst door duidelijk te maken (1) wat het onderwerp is, (2) wat de centrale vraagstelling is, en (3) wat het antwoord daarop is.

Oefening 3
Oefening 4
Oefening 5

De centrale vraagstelling
Aangezien het grootste deel van je verslag bestaat uit het geven van informatie die bijdraagt aan de beantwoording van je centrale vraagstelling, is het belangrijk dat je deze vraagstelling goed formuleert. Zo weet de lezer wat deze kan verwachten in de rest van de tekst. Ook moet je het onderwerp van je vraagstelling vroeg in het schrijfproces nauwkeurig afbakenen; dit voorkomt onnodig zoeken naar literatuur en overbodig schrijven. Het kan echter gebeuren dat tijdens het lezen van literatuur duidelijk wordt dat de vraagstelling toch nog te breed is. Natuurlijk kun je de vraagstelling dan nog aanscherpen.

In de volgende voorbeelden wordt duidelijk gemaakt wat bedoeld wordt met een specifieke vraagstelling.

Voorbeeld van een *slechte* vraagstelling:
'Welk effect hebben genen op gedrag?'

Hier is niet duidelijk over welk soort gedrag het gaat. Gaat het over sociaal gedrag, emotioneel gedrag, seksueel gedrag, enzovoort? De vraagstelling is niet specifiek genoeg en biedt zo ook geen houvast voor de vraag welke informatie in het verslag moet worden besproken.

Voorbeeld van een *goede* vraagstelling:
'Welk effect heeft alcoholgebruik op de reactiesnelheid van mensen boven de 70 jaar?'

In dit voorbeeld is er geen twijfel over de bedoeling van de vraag. De elementen in de vraag zijn afgebakend.

Let er ook op dat je vraag open geformuleerd is: de vraag moet niet met een simpel 'ja' of 'nee' kunnen worden beantwoord. Als je bezig bent met een verslag, bekijk dan je eigen vraagstelling nog eens en controleer of deze specifiek genoeg is. In sommige verslagen worden in de inleiding wel tien vragen gesteld. Het is dan niet duidelijk wat de hoofdvraag is. Let er dus in je eigen verslag op dat je duidelijk aangeeft wat de centrale vraagstelling is.

Vuistregel 4
Geef duidelijk aan wat je centrale vraagstelling is en zorg dat deze specifiek genoeg geformuleerd is.

Oefening 6
Oefening 7
Oefening 8

Deel 3: De structuur van alinea's

Je kunt dus met de hoofdtitel van je artikel en met kopjes inspelen op de verwachtingen van de lezer. Ook moet je duidelijk maken wat het onderwerp is, een goed geformuleerde specifieke vraagstelling hebben en daarop duidelijke antwoorden geven. De volgende bouwblokken van je tekst zijn de alinea's. Als deze blokken niet logisch met elkaar samenhangen, verliest het verhaal alsnog zijn structuur.

De organisatie van informatie in alinea's

Een alinea behandelt meestal maar één onderwerp. De belangrijkste posities in een alinea zijn de eerste twee zinnen en de laatste zin. Vaak is de eerste zin van de alinea een overgangszin of een inleidende zin op het onderwerp dat ter sprake zal komen. De tweede zin bevat dan het onderwerp van de alinea. De laatste zin bevat vaak de conclusie of een aanknopingspunt voor het onderwerp van de volgende alinea. In het middenstuk wordt er informatie gegeven over het onderwerp zelf.

Lees ter illustratie de volgende alinea uit een artikel over pesten op het werk.

> 'Afwijkend gedrag kan dus aanleiding zijn om iemand te gaan pesten. Echter, gedragsverandering van het slachtoffer leidt niet tot het stoppen van het gepest. Daar is meer voor nodig. Vaak is de werksfeer al zodanig slecht dat het pesten niet zomaar ophoudt. Dat het zover heeft kunnen komen, heeft vaak te maken met gebrekkig management. Wanneer een collega gepest wordt, moet het management dat opmerken en ertegen optreden. Gebeurt dat niet, dan kan het pestgedrag op de werkvloer uit de hand lopen. Daarom moet vooral ook het management worden verbeterd.'

De eerste zin ('Afwijkend gedrag kan dus aanleiding zijn om iemand te gaan pesten') is een overgangszin. In de vorige alinea is waarschijnlijk besproken wat de aanleiding van pesten kan zijn (onder andere afwijkend gedrag of een ander uiterlijk van het slachtoffer). De zin geeft een opstapje voor het onderwerp van deze nieuwe alinea. De tweede zin introduceert het onderwerp (pesten kan niet alleen gestopt worden door het gedrag van het slachtoffer te veranderen). Het middenstuk gaat verder op dit onderwerp in, door de stelling uit te leggen (het management is vaak gebrekkig). De laatste zin bevat de conclusie (het management moet worden verbeterd).

Let er verder op dat alinea's nooit te kort of te lang zijn. Een alinea van één zin is te kort. Probeer in zo'n geval na te gaan of de zin niet bij de vorige of komende alinea past. Wanneer dat niet het geval is, probeer dan meer uitleg te geven over het onderwerp van die alinea. Een alinea van meer dan een halve pagina is meestal te lang.

Mocht je zo'n lange alinea hebben, ga dan na of je misschien verschillende onderwerpen in die alinea behandelt.

Vuistregel 5
Behandel één onderwerp per alinea.

Vuistregel 6
Benut de belangrijkste posities in de alinea om je structuur duidelijk te maken.

Vuistregel 7
Maak alinea's niet te kort of te lang.

Oefening 9
Oefening 10
Oefening 11

Kennistest vraag 1 t/m 6

Overzicht van de vuistregels van ViP-1: Algemene structuur

1. Zorg dat de titel van je verslag duidelijk aangeeft waarover je tekst gaat.
2. Zorg dat de kopjes in je verslag goed de inhoud weergeven van wat je daaronder gaat bespreken.
3. Zorg voor een duidelijke structuur in je tekst door duidelijk te maken (1) wat het onderwerp is, (2) wat de centrale vraagstelling is, en (3) wat het antwoord daarop is.
4. Geef duidelijk aan wat je centrale vraagstelling is en zorg dat deze specifiek genoeg geformuleerd is.
5. Behandel één onderwerp per alinea.
6. Benut de belangrijkste posities in de alinea om je structuur duidelijk te maken.
7. Maak alinea's niet te kort of te lang.

ViP-2: Wetenschappelijk review-artikel

Inleiding

In de vorige schrijf-ViP heb je geleerd wat de algemene kenmerken zijn van een goed gestructureerde tekst. Deze schrijf-ViP gaat specifieker in op de kenmerken van een wetenschappelijk review-artikel. Als academicus zul je namelijk in staat moeten zijn om wetenschappelijke stukken te schrijven die voldoen aan bepaalde wetenschappelijke eisen. De twee typen artikelen die je als onderzoeker het vaakst zult schrijven, zijn empirische artikelen (waarin uitgevoerd onderzoek wordt gepresenteerd) en wetenschappelijke review-artikelen (kritische evaluatie van al eerder gepubliceerd materiaal over een bepaald onderwerp). In dit boek staat het schrijven van een wetenschappelijk review-artikel centraal. Het schrijven van zo'n artikel is een complexe vaardigheid die naast goede schrijfvaardigheden ook goede zoek-, lees- en denkvaardigheden vereist. Voordat je start met het schrijven van een review-artikel, moet je namelijk op zoek naar relevante wetenschappelijke literatuur en deze vervolgens aandachtig lezen. Daarnaast moet je bedenken hoe je de informatie in het artikel gaat verwerken om tot een onderbouwd antwoord te komen op jouw centrale vraag. Pas als je deze voorbereiding hebt getroffen, kun je overgaan tot het daadwerkelijk schrijven van de tekst. Het schrijven van een review-artikel verloopt dus volgens een bepaald proces, waarbij het belangrijk is om op een logische manier te werk te gaan.

In deze Schrijf-ViP wordt eerst uitgelegd wat een review-artikel is. Vervolgens wordt beschreven hoe een review-artikel tot stand komt door kort in te gaan op de verschillende fases van het schrijfproces. In de volgende schrijf-ViP's zullen we uitgebreider ingaan op deze afzonderlijke fases.

Deel 1: Wat is een wetenschappelijk review-artikel?

Een wetenschappelijk review-artikel is een kritische samenvatting van literatuur die de actuele stand van het onderzoek op een bepaald vakgebied of op het gebied van een bepaald thema of probleem in kaart brengt. Review-artikelen kunnen in het algemeen gedefinieerd worden als kritische evaluaties van materiaal dat al is gepubliceerd. Door eerder gepubliceerd materiaal te organiseren, te integreren en te evalueren bekijkt de auteur van een review-artikel wat de voortgang is van het huidige onderzoek in het verhelderen van een bepaald probleem.

Belangrijke elementen van een review-artikel zijn:
- definitie en verduidelijking van een probleem;
- samenvatting van eerdere onderzoeken om de lezer te informeren over de stand van zaken op het aan het probleem gerelateerde onderzoeksgebied;
- identificatie van relaties, tegenstellingen, hiaten en inconsistenties in de literatuur; en
- het suggereren van de volgende stap of stappen bij het oplossen van het probleem.

Een goede review vat dus niet alleen de literatuur samen, maar bespreekt deze kritisch, identificeert methodologische problemen en wijst op hiaten in onderzoek.

Er bestaan diverse vormen van review-artikelen, die grofweg onderverdeeld kunnen worden in kritische reviews, betogende reviews, theoretische reviews, methodologische reviews en systematische reviews. Hieronder volgt een korte beschrijving van deze verschillende typen reviews.

Het kritische review

Het doel van het kritische review is het evalueren van de kwaliteit van het onderzoek dat is uitgevoerd op een bepaald gebied. Bij het kritische review wordt eerder verricht onderzoek naar het onderwerp zo objectief mogelijk beschreven en geanalyseerd door verbanden, inconsistenties en tekortkomingen van de beschreven literatuur te bespreken. Vaak resulteert het kritische review in een nieuwe hypothese of een nieuw model.

Het betogende review
Dit type review onderzoekt de literatuur om een argument, veronderstelling of probleem te ondersteunen of te weerleggen. Hierbij wordt een verzameling literatuur besproken waarbij een specifiek standpunt wordt ingenomen. Het heeft dus als doel de lezer te overtuigen van een standpunt door een aantal relevante wetenschappelijke publicaties op kritische wijze met elkaar te vergelijken.

Het theoretische review
In het theoretische review maken auteurs gebruik van bestaande onderzoeksliteratuur om de theorie vooruit te helpen. Vaak wordt deze vorm gebruikt om een gebrek aan geschikte theorieën te helpen vaststellen of om aan te tonen dat de huidige theorieën ontoereikend zijn om bepaalde onderzoeksproblemen te verklaren. Auteurs van theoretische artikelen volgen de ontwikkeling van verschillende theorieën om deze verder te ontwikkelen, te ontkrachten, te verfijnen of bij te stellen.

Het methodologische review
Een review focust niet altijd op onderzoeksbevindingen, soms ligt de focus op onderzoeks- en analysemethoden. Het doel van dit type review is het verbeteren van onderzoekspraktijken, technieken voor gegevensverzameling en de analyse van data.

Het systematische review
In het systematische review wordt op systematische wijze gezocht naar wetenschappelijke literatuur die een antwoord kan geven op een duidelijk geformuleerde onderzoeksvraag. Daarbij maakt men gebruik van een vooraf gespecificeerde en gestandaardiseerde methode om relevant onderzoek te selecteren, te rapporteren en te analyseren. Het doel is om al het onderzoek over een duidelijk gedefinieerd onderzoeksprobleem wetenschappelijk te documenteren, kritisch te evalueren en samen te vatten.

Hoewel voor de meeste reviews geldt dat ze niet aan de strikte eisen hoeven te voldoen die gelden voor een systematische review, is een systematische benadering bij het zoeken van de literatuur bij elk type review gewenst. Hierbij moeten de criteria op basis waarvan de bronnen worden geselecteerd duidelijk en specifiek zijn en moet een documentatie van het zoekproces worden opgenomen. Een systematische aanpak voorkomt bias in het zoekproces en het expliciet maken van de methode zorgt ervoor dat de review reproduceerbaar is.

Deel 2: Hoe komt een review-artikel tot stand?

Het schrijven van een review-artikel verloopt grofweg in drie fases:
1. de voorbereiding;
2. het schrijven van de inhoud;
3. de revisie en de afwerking.

Om tot een goed review-artikel te komen is het belangrijk om op een logische manier te werk te gaan en voldoende tijd te investeren in de afzonderlijke fases.

De voorbereiding

Aan het daadwerkelijk schrijven van een review-artikel gaan veel stappen vooraf. Allereerst moet je duidelijk voor ogen hebben wat het onderwerp waarover je gaat schrijven inhoudt. Dit doe je door de beschikbare literatuur over het onderwerp te verkennen. Ten tweede is het belangrijk om het onderwerp af te bakenen door je te richten op een specifieke wetenschappelijke vraag. Vervolgens moet je op zoek gaan naar relevante literatuur om je vraag te beantwoorden. Deze literatuur dien je te lezen, te analyseren en te evalueren om tot een onderbouwde conclusie te komen. Hoeveel bronnen je in je review-artikel opneemt, is afhankelijk van het onderwerp, de grootte van het artikel en de specifieke schrijfopdracht die je vanuit je opleiding krijgt. Een richtlijn is om voor een artikel van 2000 woorden 10 tot 15 bronnen te selecteren. Tot slot moet je bedenken hoe je de informatie in het artikel gaat verwerken. Als je al deze stappen hebt doorlopen, kun je beginnen aan het daadwerkelijk schrijven van het artikel.

Vuistregel 1
Bereid het schrijfproces goed voor door je te oriënteren op het onderwerp, een specifieke vraag te formuleren, de relevante literatuur te evalueren en te bedenken hoe je de informatie gaat structureren.

Het schrijven van de inhoud

Wanneer je tevreden bent over de centrale vraagstelling en je alle informatie geordend hebt, kun je gaan beginnen met het schrijven van je artikel. Je hoeft nog niet te letten op de precieze formulering, want dat kan soms remmend werken. De bedoeling is om de inhoud uit de artikelen op een samenhangende en gestructureerde manier in je eigen artikel weer te geven. Nadat je een aantal belangrijke publicaties over je centrale vraagstelling hebt bestudeerd, is het van belang daadwerkelijk te beginnen met schrijven. Veel studenten hikken daar tegenaan. Maar door aan de gang te gaan merk je soms ook dat je bepaalde aspecten nog niet voldoende hebt bestudeerd om een coherent en logisch verhaal te schrijven. Het kan dus zijn dat je nog extra informatie moet gaan zoeken of dat de gevonden informatie toch niet zo bruikbaar is als je in eerste instantie dacht. Ook kan blijken dat de in eerste instantie gekozen indeling van je artikel (nog) niet goed genoeg is. Pas, als het nodig is, je indeling aan. Houd hierbij voor ogen dat de kopjes van de verschillende onderdelen een logische rode draad vormen en leiden tot een antwoord op je centrale vraag.

Zorg er ook voor dat je doorschrijft; dwing jezelf om in een redelijk vlot tempo je inhoud te produceren. Die hoeft niet meteen perfect te zijn. Het geeft bijvoorbeeld nu nog niet als er spel- of grammaticafouten in de tekst staan en de zinsopbouw niet klopt. Dat zijn allemaal zaken die later aan de orde komen, wanneer je de tekst gaat corrigeren, aanvullen en afronden. Eerst moeten de ideeën en argumentatielijnen op papier komen. Bepaal daarbij voor jezelf een concrete hoeveelheid tijd, bijvoorbeeld twee of drie uur, waarbinnen je een aantal (eerste) pagina's wilt produceren. Blijven zitten totdat je een aantal zinnen, alinea's of paragrafen hebt voltooid, is voor velen een hele kunst.

Tijdens het schrijven moet je bijhouden waar je de gebruikte informatie vandaan hebt, zodat je er later in je tekst naar kunt verwijzen. Let er ook op dat je de informatie uit de literatuur niet letterlijk overneemt, want dat is plagiaat. Vertel in je eigen woorden wat je gelezen hebt.

Vuistregel 2
Begin met schrijven en schrijf door met als doel de hoofdpunten uit de literatuur die je hebt bestudeerd samen te vatten. Dit hoeft niet meteen perfect te zijn.

Vuistregel 3
Houd tijdens het schrijven bij uit welke bronnen de informatie komt en beschrijf de informatie uit de literatuur in eigen woorden.

Revisie en afwerking

Een inhoudelijk goede tekst is nog lang niet klaar. Het belang van de leesbaarheid van je tekst en de schrijfstijl wordt vaak onderschat. Je moet zorgen dat de lezer geïnteresseerd raakt in wat je te vertellen hebt. Ook moet je verhaal niet onnodig ingewikkeld geschreven zijn. Daarbij is het belangrijk dat je een samenhangend verhaal schrijft, dat past bij het niveau van de lezer, ofwel de doelgroep.

Je bent misschien geneigd om te weinig tijd te nemen voor het reviseren van je tekst, terwijl het een heel belangrijk onderdeel is van het schrijfproces. Bedenk dat je niet alles in één keer kunt doen. Als je verhaal inhoudelijk 'af' is, begint pas het stroomlijnen van het artikel, waarbij je zorgt voor goede overgangen, je de kopjes nog bijstelt en je de tussentijdse conclusies verbindt aan je centrale vraag.

Bij het reviseren van je artikel concentreer je je vooral op (a) het aanbrengen van inhoudelijke verbeteringen, (b) het verbeteren van de logische lijn en de argumentatie, (c) het verbeteren van grammatica, interpunctie en spelling, en (d) het doen van aanpassingen op basis van de vormvoorschriften.

Wanneer je klaar bent, is het aan te raden om de tekst een paar dagen te laten rusten. Daarna kun je deze met een frisse blik nogmaals bekijken en eventueel enkele laatste aanpassingen doen. Daarnaast is het nuttig om iemand anders je tekst te laten doorlezen en becommentariëren. Een medestudent of familielid kan vaak goede feedback geven wat betreft de duidelijkheid van je artikel.

Vuistregel 4
Herschrijf je tekst in stappen:
- Breng inhoudelijke verbeteringen aan.
- Verbeter de logische lijn in de argumentatie.
- Verbeter de grammatica, interpunctie en spelling.
- Pas de lay-out aan zodat deze voldoet aan de vormvoorschriften die hiervoor zijn gesteld.

Vuistregel 5
Vraag iemand om commentaar te leveren op de concepteindversie van je tekst.

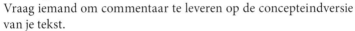

Kennistest vraag 1 t/m 4

Overzicht van de vuistregels van ViP-2: Wetenschappelijk review-artikel

1. Bereid het schrijfproces goed voor door je te oriënteren op het onderwerp, een specifieke vraag te formuleren, de relevante literatuur te lezen en te evalueren en te bedenken hoe je de informatie gaat structureren.
2. Begin met schrijven en schrijf door met als doel de hoofdpunten uit de literatuur die je hebt bestudeerd samen te vatten. Dit hoeft niet meteen perfect te zijn.
3. Houd tijdens het schrijven bij uit welke bronnen de informatie komt en beschrijf de informatie uit de literatuur in eigen woorden.
4. Herschrijf je tekst in stappen:
    - Breng inhoudelijke verbeteringen aan.
    - Verbeter de logische lijn in de argumentatie.
    - Verbeter de grammatica, interpunctie en spelling.
    - Pas de lay-out aan zodat deze voldoet aan de vormvoorschriften die hiervoor zijn gesteld.
5. Vraag iemand om commentaar te leveren op de concepteindversie van je tekst.

ViP-3: Voorbereiding op het schrijven

Inleiding

Bij het schrijven van een wetenschappelijk review-artikel is het belangrijk om je goed voor te bereiden. Voordat je bepaalt welke specifieke richting je op wilt met het artikel, is het handig om eerst een algemeen beeld te krijgen van het onderwerp. Door je goed te oriënteren op het onderwerp leer je de belangrijkste theorieën en resultaten van wetenschappelijk onderzoek kennen en raak je bekend met de terminologie. Ook kom je deelonderwerpen op het spoor, die je kunt gebruiken om het onderwerp af te bakenen. Je artikel moet namelijk inhoudelijke diepgang krijgen en tegelijkertijd aan een vastgesteld aantal pagina's voldoen. Het is dus belangrijk om je onderwerp goed in te perken. Als je eenmaal hebt besloten wat de belangrijkste vragen zijn waarop je een antwoord wilt vinden, is het zaak om gericht op zoek te gaan naar relevante wetenschappelijke literatuur. Om te voorkomen dat je verdrinkt in het enorme aanbod aan literatuur, is het van belang om een goed zoekprofiel op te stellen en adequate zoekmethoden toe te passen.

In deze schrijf-ViP staat de voorbereidende fase van het schrijfproces centraal. Je krijgt uitleg over hoe je je kunt oriënteren op het onderwerp, je leert hoe je een zoekprofiel kunt opstellen en welke zoekmethoden je kunt toepassen om relevante literatuur te vinden.

Deel 1: Oriëntatie en verkennend literatuur zoeken

Bij de eerste oriëntatie op het onderwerp zorg je eerst voor een goed begrip van het onderwerp: welke theorieën bestaan er, welke concepten (of begrippen) zijn relevant, wat is de betekenis van deze concepten, en wat zijn de belangrijkste bevindingen in het wetenschappelijk onderzoek dat is verricht?

Deze informatie verkrijg je door de wetenschappelijke literatuur te raadplegen. Beschikbare bronnen kunnen we onderverdelen in twee groepen: primaire en secundaire literatuur. Primaire literatuur bestaat voornamelijk uit artikelen in wetenschappelijke tijdschriften en monografieën. Dit zijn bronnen waarin originele theoretische ideeën of onderzoeksresultaten worden gepresenteerd. Secundaire literatuur bestaat uit artikelen, boeken en andere bronnen waarin primaire literatuur beschreven wordt. Je artikel moet vooral gebaseerd zijn op primaire bronnen.

Om je op een voor jou nieuw onderwerp te oriënteren is het handig om eerst enkele secundaire bronnen te raadplegen zodat je snel een overzicht krijgt. Lees je dus eerst in door basale informatie in te winnen. Wees wel altijd kritisch, want de kwaliteit van secundaire bronnen kan soms te wensen overlaten. Met name informatie op internet, in kranten en in populaire tijdschriften is moeilijk te controleren op juistheid. Hieronder noemen we een aantal bronnen die over het algemeen van hogere kwaliteit zijn.

Voor een eerste oriëntatie op het gekozen onderwerp kun je gebruikmaken van:

- *Inleidende tekstboeken*
  Deze tekstboeken worden speciaal geschreven voor studenten in het hoger onderwijs om een overzicht te krijgen over een bepaald vakgebied, zoals inleidingen in de sociale psychologie, de onderwijswetenschappen, de sociologie en de bestuurskunde.

- *Vak-encyclopedieën*
  Naast algemene encyclopedieën, zoals *The Social Science Encyclopedia* zijn er ook encyclopedieën die zich richten op een specifiek vakgebied. Voorbeelden zijn Encyclopedia of Applied Psychology, Encyclopedia of Educational Psychology, Encyclopedia of Sociology en Encyclopedia of Public Administration.

- *Handboeken*
  Hierin wordt de stand van zaken in een bepaald gebied weergegeven. Deze boeken gaan meestal dieper op een onderwerp in dan encyclopedieën.

- *Review-artikelen*
  Dat zijn artikelen waarin de 'stand van zaken' in een bepaald vakgebied wordt weergegeven: het zijn (kritische) samenvattingen van bestaande literatuur, met vaak ook aanwijzingen voor onderzoek dat nog gedaan moet worden. De tijdschriften *Psychological Bulletin* en *American Sociological Review* publiceren bijvoorbeeld overzichtsartikelen. De databank Annual Reviews is gespecialiseerd in review-artikelen; hierin komen bepaalde onderwerpen met een tussenpoos van enkele jaren telkens opnieuw aan bod. Zowel het *Pychological Bulletin* als de *Annual Review of Psychology* bestrijkt het gebied van de psychologie in de volle breedte. Op diverse deelterreinen wordt regelmatig een tussenstand opgemaakt. Verder publiceren vrijwel alle wetenschappelijke tijdschriften review-artikelen die relevant zijn voor de lezersgroep van het specifieke tijdschrift.

Vuistregel 1

Zorg voor een goed begrip van de relevante theorieën, concepten en onderzoeksresultaten met betrekking tot het onderwerp.

Oefening 1

Deel 2: Zoekprofiel maken

Zodra je een concreet idee hebt over het onderwerp waarover je gaat schrijven en je voldoende begrip hebt van het onderwerp, ga je zoeken naar wetenschappelijke artikelen. Doe dit door een voorlopige vraagstelling te formuleren en een daarbij behorend zoekprofiel op te stellen. Wetenschappelijke artikelen vind je bijvoorbeeld in de multidisciplinaire databases *Web of Science* en *Scopus*. Daarnaast bestaan er allerlei vakspecifieke databases, zoals de ERIC-database van onderwijskundig onderzoek. De databanken verschillen in hun aanbod van artikelen en in hun zoekmogelijkheden.

Het zoeken naar literatuur voer je vaak uit in meerdere stappen, waarbij een eerste verkenning van de literatuur nuttig is bij de bepaling van een definitieve afbakening van het onderwerp en het aanscherpen van de vraagstelling. Op basis van de voorlopige afbakening en onderzoeksvraag stel je een voorlopig zoekprofiel op. Een zoekprofiel bestaat uit zoektermen die je gebruikt om te zoeken in databanken zoals *Scopus* en *Web of Science*, en de verbanden tussen die termen. Die verbanden geef je aan met zogenaamde *booleaanse operatoren*: AND of OR.

Een voorbeeld van het combineren van zoektermen met booleaanse operatoren:
Smoking cessation, quitting smoking, stopping with smoking – dit zijn synoniemen voor 'stoppen met roken'. Het maakt niet uit of in een artikel 'stopping with smoking' of 'smoking cessation' gebruikt wordt, het artikel kan relevant zijn. In je zoekprofiel zet je daarom OR tussen deze termen.
Zoek je naar een specifieke methode of aanpak (bijv. *e-therapy* of medicatie) om te stoppen met roken, dan moet zowel die methode als het stoppen met roken voorkomen in het artikel. Daarom zet je AND tussen termen die verwijzen naar het stoppen met roken en de termen die verwijzen naar de methode.

Het zoekprofiel is vervolgens een combinatie van zoektermen op basis waarvan je in de databank een selectie van literatuur hoopt te vinden die zo goed mogelijk aansluit op je vraagstelling.

Hieronder wordt een voorbeeld gegeven van een uitgewerkt zoekprofiel in de databank Scopus. De specifieke vraagstelling van het artikel is: Welke rol spelen gezinnen bij eetstoornissen?

("Eating disorder" OR "Anorexia Nervosa" OR Bulimia OR "Binge eating disorder")
AND
("Family relation"
OR "Parent-child relation" OR "Father-child relation" OR "Mother child relation"
OR "Sibling relation" OR Brother OR Sister OR Twin)

Hierbij zijn "Eating disorder", "Anorexia Nervosa", "Bulimia" en "Binge eating disorder" varianten onder de algemene noemer "eetstoornissen". Vervolgens worden uit de relevante artikelen alleen die bronnen geselecteerd die ook verwijzen naar "family relation" of een van de andere bovengenoemde varianten onder deze algemene noemer. Let op dat de haakjes om de termen "Family relation" tot en met "Twin" ervoor zorgen dat alleen die artikelen geselecteerd worden die ten minste één van de betreffende termen bevatten. Door zoektermen die uit meerdere woorden bestaan tussen aanhalingstekens te zetten, zorg je er verder voor dat Scopus alleen die artikelen vindt, waarin die specifieke combinatie van woorden voorkomt. Scopus vindt bij termen ook het meervoud; bij de zoekterm "family relation" vindt Scopus bijvoorbeeld ook het meervoud "family relations". In februari 2018 resulteerde dit zoekprofiel in 1908 artikelen in Scopus.

Tip

Wil je woordvarianten meenemen in je zoekactie, dan combineer je deze met OR.
Zet AND tussen zoektermen om publicaties op te sporen waarin deze zoektermen samen voorkomen.

Vuistregel 2
Maak, voordat je literatuur gaat zoeken, een eerste zoekprofiel voor je onderwerp, inclusief synoniemen en booleaanse operatoren.

Oefening 2

Voorlopig zoekprofiel opstellen
1a. Noteer je (voorlopige) centrale vraagstelling

....
....
....
....

1b. Wat zijn de belangrijkste concepten/begrippen/variabelen in je zoekvraag?

1..
2..
3..
4.. etc.

1c. Vertaal de concepten/begrippen/variabelen in zoektermen. Denk hierbij aan synoniemen, bredere termen, nauwere termen en spellingsvarianten.

....
....
....
....
.... etc.

1d. Combineer je zoektermen met behulp van booleaanse operatoren. Gebruik haken om de volgorde van de combinaties aan te geven.

....
....
....
....

Deel 3: Verfijnen van de vraagstelling en het zoekprofiel

Wanneer je een eerste overzicht hebt van publicaties die aansluiten bij je zoekprofiel, is het belangrijk om te evalueren of je vraagstelling en het zoekprofiel nog aanpassingen vereisen. Wanneer je zoekprofiel bijvoorbeeld maar vijf zoekresultaten oplevert, dan is je vraagstelling wellicht te smal. Wanneer je eerste zoekopdracht meer dan 5000 zoekresultaten oplevert, dan is je zoekopdracht waarschijnlijk te breed. Dan zie je door de bomen het bos niet meer. Een goede manier om je onderwerp scherper af te bakenen is deelonderwerpen te onderscheiden. Door de titels en eventueel samenvattingen van de geselecteerde studies door te nemen, krijg je zicht op mogelijke deelonderwerpen die kunnen leiden tot een verfijning van je aanvankelijke vraagstelling.

> Voorbeeld: Het eerdere zoekprofiel bij de vraag naar de rol van gezinnen bij eetstoornissen zou toegespitst kunnen worden op de rol van gezinnen bij het *behandelen* van eetstoornissen. Een verdere mogelijkheid tot afbakening is om de vraag uitsluitend betrekking te laten hebben op de eetstoornis Anorexia Nervosa. Dit zou leiden tot het volgende zoekprofiel:

"Anorexia Nervosa"
AND
("Family relation"
OR "Parent-child relation" OR "Father-child relation" OR "Mother child relation"
OR "Sibling relation" OR Brother OR Sister OR Twin)
AND ("Treatement" OR "Intervention" OR "Therapy")

In februari 2018 resulteerde dit toegespitste zoekprofiel in 383 artikelen in Scopus, beduidend minder dan de 1908 artikelen bij het bredere zoekprofiel. Door gebruik te maken van de verschillende sorteeropties in de databank is het mogelijk om een eerste analyse van de zoekresultaten te maken. Er zijn verschillende sorteermogelijkheden die helpen om zicht te krijgen op de meest waardevolle artikelen binnen die zoekresultaten. Ten eerste: "Sort by Relevance"; hierbij worden de artikelen waarin de meeste van de gebruikte zoektermen voorkomen het eerst getoond. Ten tweede: "Sort by Date"; hierbij worden de meest recente artikelen het eerst getoond. Ten derde: "Sort by Cited by"; hierbij worden de meest geciteerde artikelen het eerst getoond.

Bij het gericht zoeken naar literatuur kun je het beste een combinatie van de volgende twee methoden gebruiken:

1. Systematische methode
Het systematisch in kaart brengen van alle literatuur over een bepaald onderwerp is het meest volledig, maar ook het meest tijdrovend. Het doel is inzicht te krijgen in hoe de verschillende publicaties zich tot elkaar verhouden en wat het relatieve belang van die publicaties is. Hierbij is het zinvol om het volgende in kaart te brengen:

(a) Wat zijn de centrale publicaties met betrekking tot jouw onderwerp? Deze zijn vaak het meest geciteerd. Let wel, recente artikelen van toonaangevende auteurs zijn minstens zo belangrijk, maar deze vind je niet door naar het aantal citaties te kijken, want het aantal citaties groeit pas in de loop van de tijd.

(b) Welke auteurs hebben veel over jouw onderwerp gepubliceerd? Onderzoek of deze auteurs ook recent gepubliceerd hebben op jouw gebied, zodat je inzicht hebt in de actualiteitswaarde van hun werk. Het zou kunnen zijn dat auteurs tot een bepaald moment veel invloed hebben gehad op een bepaald gebied, maar dat andere onderzoekers tegenwoordig meer toonaangevend zijn. Als een auteur die niet meer actief lijkt te zijn nog wel regelmatig geciteerd wordt, is dat echter een teken dat zijn of haar werk nog steeds actueel is.

Via Scopus kun je eenvoudig een overzicht van auteurs in het gebied van een zoekterm opvragen, waarbij vermeld wordt hoeveel artikelen er van elke auteur gevonden worden. Wanneer je bijvoorbeeld zoekt op "Panic" AND ("cognitive approach" OR "cognitive therapy") dan vind je dat de drie meest publicerende auteurs in de zoekresultaten Clark, Hoffart en Beck zijn. Vaak bieden de artikelen van dit soort auteurs een goed overzicht van de ontwikkelingen op het onderzoeksgebied, terwijl artikelen van minder invloedrijke auteurs meer op zichzelf staan of specifieker zijn.

(c) Welke tijdschriften (*journals*) of boeken zijn toonaangevend binnen jouw onderwerp? Er zijn verschillende indicatoren om het belang van tijdschriften aan te geven. De bekendste is de zogenaamde impactfactor (IF). Hoe vaker de artikelen uit een bepaald wetenschappelijk tijdschrift in andere tijdschriften worden geciteerd, des te hoger de impactfactor. In Web of Science wordt deze impactfactor weergegeven. Scopus werkt bij tijdschriften met de SJR (de SCImago Journal Rank). De SJR wordt berekend door rekening te houden met de hoeveelheid citaties die in een vakgebied voorkomen, en met de bron van de citaties (een citatie uit een tijdschrift met een hoge SJR telt zwaarder dan een citatie uit een tijdschrift met een lage SJR). Door artikelen te raadplegen uit toonaangevende journals weet je dat het onderzoek aan de hoogste kwaliteitseisen voldoet.

2. Sneeuwbalmethode en citatiemethode
Bij de sneeuwbalmethode gebruik je een door jou geselecteerd artikel als uitgangspunt om verder te zoeken. Je kunt achteruit zoeken door literatuur te lezen uit de referentielijst van het artikel. Nadelen van deze methode zijn dat je erg veel literatuur te bestuderen hebt en dat die literatuur altijd ouder is dan je bron.

Je kunt ook vooruit zoeken door te kijken welke recentere artikelen naar dit artikel hebben verwezen. De database Scopus biedt deze laatstgenoemde mogelijkheid, via de 'Citation Network'-optie.
Het toepassen van de juiste zoekstrategie is essentieel om niet te verdrinken in het enorme aanbod aan wetenschappelijke literatuur dat voorhanden is. Het is verstandig om een zoekplan op te stellen, een tijdsplanning te maken en een maximum te stellen aan het aantal publicaties dat je grondig wilt bestuderen.

Vuistregel 3
Zorg dat je gebruikmaakt van de verschillende analysemogelijkheden in databanken zoals Scopus en Web of Science, en stel op basis van een eerste analyse je definitieve onderzoeksvraag en zoekprofiel op.

Oefening 3

Een eerste analyse maken van zoekresultaten in de database
Sorteer de zoekresultaten op relevantie. Bekijk de titels (en eventueel de samenvatting) van de eerste tien zoekresultaten. Als je interessante artikelen ziet, noteer deze dan.
(a) Maak indien mogelijk een onderverdeling in deelonderwerpen.
    Noteer de deelonderwerpen en eventuele synoniemen die je vindt:

deelonderwerp 1..
deelonderwerp 2..
deelonderwerp 3.. etc.

Probeer ook nog een andere sortering uit, bijvoorbeeld op aantal keer geciteerd (sort by "cited by"). Bekijk de titels (en eventueel de samenvatting) van de eerste tien zoekresultaten. Als je interessante titels ziet, noteer deze dan.

(b) Voeg indien mogelijk nieuwe deelonderwerpen en synoniemen aan je eerdere lijst toe. Noteer:

deelonderwerp 4..
deelonderwerp 5..
deelonderwerp 6.. etc.

Deel 4: De selectie van literatuur en het beschrijven van de methode

Wanneer je op basis van de eerste verkenning van de literatuur het onderwerp hebt afgebakend, stel je je definitieve vraagstelling en zoekprofiel op. Zo maak je voor jezelf helder en concreet welke afbakening je hebt gekozen en raak je tijdens het verder zoeken naar literatuur niet in de verleiding om steeds je onderwerp of vraagstelling aan te passen. Met de formulering van de centrale vraagstelling en het opstellen van het zoekprofiel geef je de verdere literatuurstudie een duidelijke richting en structuur. Stel vervolgens een lijst op van criteria waaraan je zoekresultaten juist wel (inclusiecriteria) en juist niet (exclusiecriteria) moeten voldoen. Deze criteria vormen de leidraad voor het selecteren van de relevante artikelen.

Het documenteren en bijhouden van het zoekproces is van belang omdat je daarmee verantwoordt hoe je naar literatuur hebt gezocht en op grond van welke criteria je je artikelen hebt geselecteerd. Deze informatie zorgt er daarnaast ook voor dat je review reproduceerbaar is. Iemand anders kan dan op basis van jouw beschrijving de zoekmethode reproduceren. Afhankelijk van het type review kan het noodzakelijk zijn om het zoekproces te documenteren in de methode-sectie van het artikel. Hierbij kunnen de volgende vragen dienen als leidraad:

- Welke zoektermen en procedures heb je gebruikt voor het zoeken van de literatuur?
- Welke databanken heb je geraadpleegd?
- Welke inclusie- en exclusiecriteria heb je gebruikt?
- Hoe heb je de relevantie van de literatuur beoordeeld? Bijvoorbeeld door elk artikel volledig te lezen, of via een stapsgewijze aanpak, waarbij een eerste selectie is gemaakt op basis van het lezen van alleen samenvattingen, en waarbij alleen deze selectie van bronnen volledig gelezen wordt.
- Op basis van welke criteria heb je de kwaliteit van de literatuur ingeschat?
- Ten slotte, op basis van welke criteria of overwegingen heb je de uiteindelijke selectie van literatuur gemaakt?

Houd tijdens het zoeken naar literatuur bij hoeveel artikelen je in elke stap gevonden hebt en hoeveel je er bij elke stap selecteert. Hierbij is het bijhouden van een zoeklogboek (*search log*) erg nuttig.

Hiermee houd je overzicht over de resultaten van je zoekprocedure. Een ander voordeel is dat daardoor het leggen van verbanden en relaties tussen de gevonden literatuur en de centrale vraagstelling makkelijker wordt. Een search log kan worden bijgehouden in een spreadsheetprogramma, zoals *Excel*. Daarbij neem je de volgende zaken op: de datum van de zoekactie, de database(s) waarin gezocht is, het zoekprofiel, zoekstrategieën (bijvoorbeeld zoeken op veel geciteerd), 'limits' (bijvoorbeeld zoeken op artikelen tussen 2000-heden), en het aantal gevonden artikelen op basis van de zoekactie.

Als je een methode-sectie opneemt in je artikel, kan het nuttig zijn om een diagram op te nemen dat een overzicht geeft van het aantal artikelen dat je geselecteerd hebt in de verschillende fases van je zoekproces (zie bijvoorbeeld de PRISMA-methode voor het opstellen van een dergelijk diagram: http://prisma-statement.org). Bovendien is een tabel met de in- en exclusiecriteria inzichtelijk voor degene die je artikel leest.

Vuistregel 4
Zorg dat je na het vaststellen van je onderzoeksvraag een beschrijving bijhoudt van je zoek- en selectieprocedure. Gebruik hierbij een zoeklogboek.

Oefening 4

Literatuur selecteren
Om te voorkomen dat je te ver afdwaalt, is het belangrijk om bij het zoeken van literatuur altijd de centrale vraagstelling in gedachten te houden. Als de informatie die je hebt gevonden niet bijdraagt aan het beantwoorden van die vraag, moet je deze niet verwerken in je artikel. Een manier om snel de relevantie van gevonden informatie te kunnen achterhalen, is de samenvatting van artikelen te lezen; hierin staan altijd de onderzoeksvraag, het doel van het onderzoek en de hoofdbevindingen beschreven. Als de informatie interessant lijkt te zijn, lees je ook de inleiding en de discussie/conclusie van het betreffende artikel. Aan de hand van interessante informatie kun je weer nieuwe zoektermen of referenties op het spoor komen, die een bijdrage leveren aan de beantwoording van je centrale vraag. Ook kun je tijdens het lezen ontdekken dat je nog informatie 'mist' en dus verder moet zoeken.

Een belangrijk voordeel van het gebruik van databanken zoals Scopus is dat ze je helpen om een overzicht te maken van de beschikbare literatuur. Vanuit dit overzicht moet je een evenwichtige en representatieve selectie van bronnen maken. Met evenwichtig wordt bedoeld dat je de verschillende deelonderwerpen behandelt op basis van een evenredige hoeveelheid literatuur. Bijvoorbeeld: wanneer je twee theorieën vergelijkt, zorg dan dat je over beide theorieën ongeveer evenveel literatuur selecteert. Met representatief wordt bedoeld dat je bronnen een goede weergave moeten geven van 'de stand van zaken' in de literatuur over elk deelonderwerp. Selecteer bij voorkeur artikelen van een hoge kwaliteit. De kans op een hoge kwaliteit is groter wanneer je artikelen selecteert uit gezaghebbende journals en/of van toonaangevende auteurs. Verdiep je in recente artikelen over je (deel)onderwerp, zodat je de recente stand van zaken kunt weergeven, maar vergeet niet dat belangrijke, invloedrijke artikelen vaak wat ouder zijn.

Om het overzicht niet te verliezen is het nuttig om de gevonden literatuur te ordenen. Je kunt de literatuur indelen op basis van deelonderwerpen en onderzoeksbevindingen die met elkaar overeenkomen of die elkaar juist tegenspreken.

Vuistregel 5
Maak een evenwichtige en representatieve selectie van bronnen en orden de gevonden literatuur op logische wijze (bijvoorbeeld per deelonderwerp of overeenkomstige onderzoeksbevindingen).

Oefening 5

Kennistest vraag 1 t/m 4

Overzicht van de vuistregels van ViP-3: Voorbereiding op het schrijven

1. Zorg voor een goed begrip van de relevante theorieën, concepten en onderzoeksresultaten met betrekking tot het onderwerp.
2. Maak, voordat je literatuur gaat zoeken, een eerste zoekprofiel voor je onderwerp, inclusief synoniemen en booleaanse operatoren.
3. Zorg dat je gebruikmaakt van de verschillende analysemogelijkheden in databanken zoals Scopus en Web of Science, en stel op basis van een eerste analyse je definitieve onderzoeksvraag en zoekprofiel op.
4. Zorg dat je na het vaststellen van je onderzoeksvraag een beschrijving bijhoudt van je zoek- en selectieprocedure. Gebruik hierbij een zoeklogboek.
5. Maak een evenwichtige en representatieve selectie van bronnen en orden de gevonden literatuur op logische wijze (bijvoorbeeld per deelonderwerp of overeenkomstige onderzoeksbevindingen).

ViP-4: Het schrijven van de inhoud

Inleiding

In deze schrijf-ViP staat het schrijven van de inhoud van het review-artikel centraal. Hoewel er diverse vormen van wetenschappelijke review-artikelen bestaan, zijn alle artikelen opgebouwd volgens een standaardstructuur. Een artikel bestaat altijd uit een aantal vaste onderdelen, namelijk de samenvatting, de inleiding, het middenstuk, de discussie en conclusie, en afsluitend de referentielijst. In deze ViP volgt meer uitleg over welke informatie je precies onder welk onderdeel moet plaatsen. Wat maakt een samenvatting verschillend van een conclusie? Welke informatie zet je in de inleiding en welke in het middenstuk?

De juiste informatie op de juiste plek zorgt namelijk voor een goede structuur. Daarbij is het belangrijk dat je je beperkt tot relevante informatie. De lezer moet niet geïrriteerd raken door interessante weetjes die er voor jouw vraagstelling niet echt toe doen. Je zult ook goed moeten nadenken over de opbouw van je artikel. Wat is logisch om eerst te vertellen en hoe moet die informatie geordend zijn? Daarnaast zijn 'structuuraanduiders' belangrijk. Structuuraanduiders zijn stukken tekst die inhoudelijk vaak niets toevoegen aan je artikel, maar die de lezer wel helpen om de lijn van het verhaal te volgen. Door bijvoorbeeld aan te kondigen wat je gaat vertellen, kan de lezer je verhaal beter volgen. Je neemt de lezer als het ware bij de hand.

In deze schrijf-ViP zullen we eerst kort ingaan op de algemene opbouw van een artikel en vervolgens de aparte onderdelen ervan bespreken. Het opstellen van een referentielijst wordt in schrijf-ViP-5 (Refereren, parafraseren en citeren) uitgebreid behandeld, dus dat onderdeel komt nu niet aan bod.

Deel 1: De algemene opbouw van een wetenschappelijk review-artikel

De algemene opbouw van een artikel gaat van een brede context naar een specifiek onderwerp en eindigt weer met een beschouwing op algemener niveau. Schematisch zou je de opbouw van een artikel kunnen weergeven in een zandlopervorm, zoals in het onderstaande figuur.

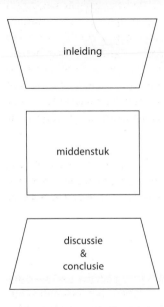

De inleiding van een artikel snijdt het onderwerp breed aan en eindigt in een centrale vraagstelling. Informatie die bijdraagt aan het beantwoorden van deze vraagstelling, komt in het middenstuk. In de discussie en conclusie kom je terug op de centrale vraagstelling. De belangrijkste bevindingen worden kort samengevat en vervolgens wordt beschreven wat voor implicaties deze bevindingen hebben in een bredere context.

Vuistregel 1
Zorg dat de opbouw van je artikel de 'zandlopervorm' heeft.

Deel 2: De inleiding

In de inleiding van je artikel geef je een introductie op je onderwerp en werk je naar je centrale vraagstelling toe. Het doel van de introductie is de aandacht van de lezer te trekken en deze te verleiden de tekst verder te lezen. Je begint de introductie breed, vervolgens perk je het onderwerp stap voor stap in om zo te eindigen bij je specifieke vraagstelling. In de inleiding schets je een theoretisch kader. Daarbij geef je een definitie van de belangrijkste begrippen en beschrijf je eerder onderzoek. Daarnaast geef je ook een verantwoording voor de vraag die je gaat behandelen. Hierbij is het van belang dat je het probleemgebied schetst waarop de vraag betrekking heeft en beargumenteert waarom het interessant en relevant is om deze specifieke vraag te beantwoorden. Je kunt hierbij denken aan de wetenschappelijke en de maatschappelijke relevantie van de vraag. Tot slot geef je in de inleiding een korte beschrijving van de opbouw van het artikel.

Na het lezen van de inleiding moet voor de lezer duidelijk zijn wat je centrale vraag is, waarom je deze wilt beantwoorden (het probleemgebied en de relevantie), en hoe je dit gaat doen (de opbouw van het artikel).

Theoretisch kader

De functie van het theoretisch kader is het inbedden van de eigen literatuurstudie in bestaand onderzoek. Wat is er al bekend? Daarbij kun je ook proberen te achterhalen wat er nog niet bekend is of waar nog geen zekerheid over bestaat. In het theoretisch kader werk je de kernconcepten binnen het bestaande onderzoek en de onderlinge verbanden daartussen uit. Je beschrijft wat de huidige literatuur hierover zegt en welke hiaten er zijn. Hiaten kunnen een gebrek aan wetenschappelijke kennis, gebrek aan zekerheid of tegenstrijdigheden tussen de uitkomsten van verschillende onderzoeken zijn. Door deze te behandelen zorg je ervoor dat jouw literatuuronderzoek wordt ingebed in bestaand onderzoek.

Het doel van het schrijven van een wetenschappelijk review-artikel is het leveren van een bijdrage aan de wetenschap. De vraag die in het artikel wordt behandeld, moet dus wetenschappelijk gezien relevant zijn. Wetenschappelijk schrijven begint dus met een puzzel (probleem). De aanleiding voor een (literatuur)onderzoek bestaat dan uit een vraag waarop het antwoord nog niet duidelijk is.

Om de vraag gestructureerd in kaart te brengen moet het volgende helder zijn:
- het probleem waarop de vraag zich richt;
- waar dat probleem vandaan komt;
- waarom het probleem relevant is.

Ter illustratie volgt hier een inleiding over de effectiviteit van neurofeedback als behandeling voor ADHD.

Inleiding

Aandachtstekort-hyperactiviteitsstoornis (ADHD) is de meest voorkomende psychiatrische aandoening onder kinderen en adolescenten. Het komt voor bij ongeveer 5% van alle kinderen en 2,5% van alle volwassenen. De belangrijkste symptomen van ADHD zijn onoplettendheid (aandachtstekort), impulsiviteit en hyperactiviteit (American Psychiatric Association, 2013). Kinderen en adolescenten met ADHD ervaren vaak beperkingen op sociaal, academisch en functioneel vlak. ADHD wordt geassocieerd met slechtere schoolprestaties bij kinderen en een hogere mate van werkloosheid op latere leeftijd. Daarnaast lopen kinderen met ADHD een groter risico op het ontwikkelen van een gedragsstoornis, een antisociale persoonlijkheidsstoornis en middelenmisbruik op latere leeftijd (American Psychiatric Association, 2013; Butcher, Mineka, & Hooley, 2014). ← Introductie tot het onderwerp

De symptomen van ADHD bij kinderen en adolescenten worden vaak behandeld met medicatie. Dit betreft meestal Ritalin, een methylfenidaat. Hoewel is aangetoond dat methylfenidaat effectief is voor de behandeling van ADHD-gedragssymptomen, wordt bij 30 tot 50 procent van de kinderen de medicatiebehandeling gestopt omdat deze voor te veel bijwerkingen zorgt of onvoldoende effect heeft (Biederman, 2006; Charach, Ickowicz, & Schachar, 2004). Voorbeelden van mogelijke bijwerkingen bij het gebruik van methylfenidaat zijn een verlies aan eetlust, slaapproblemen, afgenomen cognitief vermogen, geheugenverlies en het achterblijven in de groei (Butcher et al., 2014). Een ander nadeel is dat het geen blijvende oplossing is. Wanneer de behandeling stopt, keren de symptomen vrijwel gelijk terug. ← Korte schets probleemgebied

Omdat de impact van ADHD groot is wanneer het onbehandeld blijft en er veel nadelen kleven aan het gebruik van medicatie, is er de laatste jaren een sterke behoefte aan alternatieve behandelmethoden die de gedragssymptomen bij kinderen met ADHD effectief kunnen verminderen. Een van de alternatieve behandelingen die steeds vaker wordt toegepast, is neurofeedback. Neurofeedback is gebaseerd op het idee dat kinderen met ADHD te veel langzame hersengolven hebben. Langzame golven zijn geassocieerd met verslechterde waakzaamheid en een ← Onderbouwing van de vraag vanuit een theoretisch kader verminderde aandacht, en snellere golven met alertheid (Banaschewski & Brandeis, 2007). Het brein van een kind met ADHD is dus eigenlijk onderactief. Door het brein feedback te geven in een opstelling waarbij je EEG-elektroden gebruikt en de elektroden zichtbaar maakt, leren kinderen dat ze hun breinactiviteit kunnen veranderen. De vraag is echter of er wel voldoende evidentie is voor het verantwoord inzetten van deze behandelmethode. Het onderzoek dat hiernaar is gedaan, laat namelijk zeer tegenstrijdige resultaten zien en toont verschillende methodologische tekortkomingen.

Centrale vraag → In dit artikel wordt nagegaan in hoeverre neurofeedback een alternatief biedt voor de behandeling van ADHD bij kinderen en adolescenten.

Korte beschrijving van de opbouw → Eerst wordt dieper ingegaan op neurofeedback en de beoogde werking hiervan. Vervolgens worden onderzoeken naar de effectiviteit van neurofeedback besproken en wordt ingegaan op de methodologische tekortkomingen van deze studies. In de discussie wordt gesteld in hoeverre er bewijs is voor de effectiviteit van neurofeedback en op welk vlak meer onderzoek nodig is.

Deze tekst is een bewerking van de inleiding van het volgende artikel: 'Neurofeedback een alternatief voor de behandeling van ADHD bij kinderen en adolescenten?' van Joost Gülpen (student aan de Erasmus Universiteit Rotterdam).

Vuistregel 2
Zorg dat in je inleiding de volgende elementen zitten:
- introductie van het onderwerp;
- korte schets van het probleemgebied;
- onderbouwing van de vraag vanuit een theoretisch kader;
- duidelijke centrale vraag;
- stelling (in een wetenschappelijk betoog);
- beschrijving van de opbouw van het artikel.

Oefening 1
Oefening 2
Oefening 3
Oefening 4

Interesse opwekken bij het publiek

Zoals eerder is vermeld, moet je in de inleiding ook de interesse van je lezer opwekken. Dat kun je op verschillende manieren doen, bijvoorbeeld door het doen van een prikkelende uitspraak of het beschrijven van een interessant fenomeen.

– *Prikkelende uitspraak*
Er zijn verschillende typen uitspraken om de interesse van de lezer mee op te wekken, zoals citaten, belangwekkende nieuwsberichten, stellingen, schokkende cijfers, contra-intuïtieve mededelingen, enzovoort. Een voorbeeld van een uitspraak is de volgende:

> De komende jaren zal het aantal schizofrenen onder Surinamers en Antillianen van de tweede generatie snel stijgen.

Of:

> Het is opvallend dat er de laatste tijd in veel publicaties aandacht is voor ADHD.

Deze uitspraken zijn enigszins verrassend en roepen al snel de vraag op waarom dat dan zo zou zijn. Verderop in de tekst kan de uitspraak verder worden toegelicht en naar een bepaald probleemgebied leiden waar vervolgens de centrale vraag uit voortkomt.

– *Interessant fenomeen*
Je kunt ook de aandacht van de lezer trekken door een interessant fenomeen te beschrijven. Dat vormt een mooie introductie op de vraag wat de achterliggende verklaring is voor het fenomeen. Een voorbeeld hiervan:

> 'Lezen is een belangrijke en onmisbare vaardigheid in onze maatschappij. De meeste kinderen ondervinden geen problemen bij het aanleren van deze vaardigheid. Een aantal kinderen lukt het echter niet om op de gebruikelijke manier deze vaardigheid onder de knie te krijgen.'

Vuistregel 3
Zorg ervoor dat je in de inleiding de interesse van de lezer opwekt.

Oefening 5

Deel 3: Het middenstuk

Het middenstuk is ingedeeld op basis van de deelonderwerpen die je bespreekt om je vraag te kunnen beantwoorden. Deze deelonderwerpen kunnen verschillende theorieën, begrippen of interventies zijn. Ze kunnen ook nog iets specifieker zijn: bijvoorbeeld het effect van een interventie bij verschillende groepen of in verschillende situaties (contexten). Let erop dat het voor de lezer duidelijk is hoe de verschillende deelonderwerpen bijdragen aan het beantwoorden van de vraag.

In het middenstuk geef je een inhoudelijk overzicht van de gevonden literatuur. Beperk je hierbij tot de informatie die direct relevant is voor jouw centrale vraag en laat de lezer zien waarom deze informatie zinvol is. Als je bijvoorbeeld een studie bespreekt, beargumenteer dan waarom je die bespreekt en wat de resultaten ervan betekenen voor het beantwoorden van de vraag. Let er verder op dat je uitsluitend informatie selecteert die je daadwerkelijk nodig hebt. Als je bijvoorbeeld een artikel hebt gelezen waarin meerdere experimenten beschreven staan, maar waarvan alleen het eerste experiment relevant is voor je vraag, is het zinloos om de overige experimenten in je artikel op te nemen. Je beschrijft dan uitsluitend (de uitkomsten van) het eerste experiment.

Het middenstuk is geen gortdroge opsomming van de resultaten van verschillende studies. Het moet een geïntegreerd geheel vormen, waarbinnen de uitkomsten van verschillende studies met elkaar in verband worden gebracht en worden geëvalueerd. Let er dus op dat de informatie in het middenstuk een logische samenhang heeft. Die samenhang breng je aan door verbanden te leggen tussen de verschillende studies en door in te gaan op overeenkomsten en verschillen in de uitkomsten. In het middenstuk kun je ook ingaan op nog bestaande tekortkomingen van het tot dusver uitgevoerde onderzoek. Het gebruik van signaalwoorden (dit zijn woorden zoals: bovendien, ten eerste/ten tweede, enerzijds/anderzijds, immers, kortom), tussentijdse samenvattingen en het inleiden van nieuwe paragrafen dragen bij aan de duidelijkheid van je tekst voor de lezer.

Let op: noem het middenstuk geen 'middenstuk', maar deel je verhaal op in verschillende kopjes en geef elk stuk een passende titel.

Relevante informatie

In het middenstuk geef je relevante informatie voor je vraagstelling. Ga niet in op zaken die geen bijdrage leveren aan het antwoord, maar die je toevallig wel in de literatuur bent tegengekomen. Neem bijvoorbeeld de volgende vraagstelling:

> Wat is de invloed van leeftijdgenoten op de sociale ontwikkeling van adolescenten?

In deze vraagstelling zitten al allerlei beperkingen (en dat moet ook, anders kun je blijven schrijven). In het middenstuk kun je uitleg geven over wat er onder sociale ontwikkeling wordt verstaan, en je zou kort kunnen noemen welke elementen daar invloed op hebben. Dan beperk je je tot de invloed van leeftijdgenoten tijdens de adolescentie. Je gaat dus niet uitgebreid beschrijven welke invloed ouders hebben of wat de invloed is van leeftijdgenoten tijdens de kleutertijd.

Vuistregel 4
Geef in het middenstuk de relevante informatie voor het beantwoorden van je centrale vraagstelling.

Oefening 6
Oefening 7

Ordenen van de relevante informatie

Je ziet dus dat je vraagstelling het belangrijkste onderdeel is van het artikel. Alle informatie uit het middenstuk wordt daaraan 'opgehangen'. Je moet ook goed bedenken wat een logische volgorde zou zijn voor het aanleveren van de informatie. Voordat je begint met schrijven, moet je al een structuur in gedachten hebben.

Nu heb je al een globale structuur, aangezien een wetenschappelijk review-artikel uit bepaalde onderdelen bestaat (samenvatting, inleiding, enzovoort). In het middenstuk maak je een logische indeling in kopjes waarin je wetenschappelijke literatuur bespreekt die een antwoord geeft op de centrale vraag. Belangrijk hierbij is dat je verschillende aspecten, verklaringen of perspectieven op kritische wijze bespreekt. Wanneer je bij het schrijven uitgaat van een stelling, gebruik je een *betogende indeling* om je onderbouwde mening over het antwoord op die vraag te geven. Je kunt overigens pas tot zo'n stelling komen nadat je voldoende literatuur hebt bestudeerd.

Bij deze indeling beschrijf je uitkomsten van wetenschappelijk onderzoek die deze stelling onderbouwen.

Binnen de hoofdindeling in kopjes kun je per paragraaf of alinea weer een andere indeling gebruiken. Wanneer je een beschrijving geeft van de theoretische achtergrond, kun je bijvoorbeeld een *thematische indeling* gebruiken: je bouwt de tekst op volgens de thema's of deelonderwerpen van het hoofdonderwerp. Een *chronologische indeling* is handig om te gebruiken bij (deel)onderwerpen met een duidelijk tijdsverloop. De *methodische indeling* leent zich goed om methoden of procedures te beschrijven. Elk stapje is dan een nieuw onderdeel.

Denk goed na over wat je een logische indeling lijkt en houd per onderdeel (paragraaf of alinea) eenzelfde indeling aan. Maak vóór het schrijven een overzicht van de manier waarop je de gevonden informatie gaat indelen. Dan gaat het schrijven sneller!

Hieronder staat een voorbeeld waarin geschetst wordt hoe de informatie is ingedeeld bij een artikel over sektes.

Centrale vraagstelling: Wat maakt mensen gevoelig om lid te worden van een sekte?

Inleiding

Korte geschiedenis ontstaan van sektes *(chronologisch)*

Algemene kenmerken van sektes *(thematisch)*
Kenmerk 1: ...
Kenmerk 2: ...
Kenmerk 3: ...

Ledenwerving van sektes *(methodisch)*
Stap 1: ...
Stap 2: ...
Stap 3: ...

Theorieën over sektevorming *(thematisch)*
Theorie 1: ...
Theorie 2: ...
Theorie 3: ...

Discussie & conclusie

Ook binnen een bepaalde indeling kun je informatie weer op verschillende manieren ordenen. Stel dat je twee persoonlijkheidstests wilt vergelijken op inhoud, afname en manier van scoren. Onderstaand schema geeft drie manieren waarop de informatie geordend is, alle drie thematisch.

Manier 1	Manier 2	Manier 3
Inleiding	Inleiding	Inleiding
Test 1	Inhoud	Inhoud
Inhoud	Test 1	Test 1
Afname	Test 2	Test 2
Scoring	Afname	Test 1
Test 2	Test 1	Afname
Inhoud	Test 2	Score
Afname	Scoring	Test 2
Scoring	Test 1	Afname
Discussie & conclusie	Test 2	Score
	Discussie & conclusie	Discussie & conclusie

Manier 1 en 2 zijn op een consistente wijze geordend: of per test of per vergelijkingsaspect. Manier 3 ordent de informatie op zowel een vergelijkingsaspect (inhoud) als op de tests. Dit is geen overzichtelijke manier om informatie te ordenen.

Vanuit het perspectief van de lezer heeft manier 2 waarschijnlijk de voorkeur, omdat daarbij direct de verschillende aspecten van de twee tests kunnen worden vergeleken. Bij manier 1 zou de lezer pas halverwege de tekst kunnen beginnen met vergelijken en is hij misschien delen van de eerder gelezen informatie over test 1 alweer vergeten.

Er is niet echt één manier waarop je informatie goed of slecht kunt ordenen, maar het loont wel te bedenken wat voor de lezer de meest logische opbouw zou zijn. Een belangrijk aspect van goed schrijven is dat je je probeert te verplaatsen in die lezer. Denk je dat deze het nog kan volgen of zou de lezer het spoor bijster raken?

Vuistregel 5
Denk goed na over de manier waarop je de informatie gaat aanbieden en zorg dat je tekst een logische en duidelijke opbouw heeft.

Oefening 8
Oefening 9

Literatuur beschrijven en verwerken
In het middenstuk verwerk je de literatuur die je hebt gevonden voor het beantwoorden van de centrale vraag. Daarbij is het van belang dat je wat je hebt gevonden koppelt aan die centrale vraag. Probeer de lezer uit te leggen welke conclusies getrokken kunnen worden uit de uitkomsten van verschillende onderzoeken in het kader van de onderzoeksvraag, en welke theoretische en praktische implicaties dat heeft.

Wanneer je een wetenschappelijk artikel bespreekt, kun je de volgende vragen als handvatten gebruiken: Waarom bespreek je dit onderzoek? Welke theorie of hypothese werd onderzocht? Wat waren de resultaten? Hoe werd het onderzoek uitgevoerd? Wat is je interpretatie van de resultaten in het licht van je centrale vraagstelling? Wat zijn eventuele beperkingen van het onderzoek?

Verwerk de literatuur kritisch, bijvoorbeeld door ook de methode van de onderzoeken te bespreken. Laat de kwaliteit van de studie bepalen hoeveel gewicht het onderzoek krijgt bij het beantwoorden van de onderzoeksvraag (in het algemeen zijn conclusies uit een casestudy minder overtuigend dan conclusies uit een grootschalig onderzoek of meta-analyse; en bij onderzoek naar oorzakelijke verbanden zijn conclusies uit een experiment overtuigender dan conclusies uit correlationeel onderzoek).

Je hoeft niet aan elke bron evenveel aandacht in je artikel te besteden. Vraag je telkens af hoe belangrijk de betreffende bron is voor je centrale vraag. Bepaal vervolgens of die bron een hele alinea verdient, meerdere alinea's of alleen als verwijzing hoeft voor te komen ter onderbouwing van een bepaalde algemene conclusie. Zorg er ook voor dat je verbanden legt tussen verschillende bronnen: Zijn bevindingen tegengesteld of vullen ze elkaar aan? Is het ene onderzoek methodologisch zwak en het andere juist sterk? Is het ene onderzoek gericht op kinderen en het andere op adolescenten? Enzovoort.

Vuistregel 6
Zorg ervoor dat je bij het beschrijven en verwerken van literatuur:
- duidelijk maakt hoe de informatie gerelateerd is aan je centrale vraag;
- de literatuur kritisch verwerkt;
- de verschillende bronnen met elkaar in verband brengt.

Oefening 10

Structuuraanduiders in het middenstuk
Er zijn verschillende manieren om structuur aan te brengen in je lopende tekst. Je kunt een overzicht geven, overgangen aanbrengen en tussentijdse samenvattingen maken.

- *Een overzicht geven*
  Allereerst kun je aangeven wat je gaat vertellen. Dit hoeft niet tot in detail, maar een kort overzicht van de informatie die aan bod komt, helpt de lezer het verhaal te volgen.

- *Overgangen aanbrengen*
  Wanneer je van het ene punt naar het andere gaat, is het handig om dat aan te kondigen met overgangszinnen. Een voorbeeld van een overgangszin is de volgende:

  'Nu besproken is hoe het concept creativiteit gedefinieerd wordt, zullen we in de literatuur nagaan of dat concept ook te meten is.'

- *Tussentijdse samenvattingen*
  Voor de lezer is het prettig als na een stuk tekst dat een deelonderwerp afrondt, een korte samenvatting volgt. Zo kan de lezer nagaan of deze het begrepen heeft en ook wat het belangrijkste punt van het stuk is. Een voorbeeld van een samenvattende zin:

  'Samenvattend is creativiteit, gedefinieerd als het verschuiven van paradigmagrenzen, door artificiële intelligentie na te bootsen.'

Vuistregel 7
Gebruik structuuraanduiders in je tekst zoals:
- zinnen die beschrijven wat je gaat vertellen;
- overgangszinnen;
- samenvattende zinnen.

Oefening 11
Oefening 12
Oefening 13

Deel 4: De discussie en conclusie

Wanneer je alle onderdelen van het middenstuk uitgewerkt hebt, sluit je af met een discussie en conclusie. Je kunt de discussie en de conclusie als twee aparte onderdelen behandelen, maar meestal worden ze samengenomen. Om deze reden worden ze ook hier samen besproken.

De discussie en conclusie hebben in feite de vorm van een omgekeerde trechter: je begint smal door de centrale vraag te herhalen en de belangrijkste bevindingen kort samen te vatten. Vervolgens waaier je uit door de bevindingen te interpreteren en te bediscussiëren. Belangrijk is uit te leggen wat jouw bevindingen betekenen voor bestaande theorie(ën) en voor de praktijk. Vervolgens bespreek je waar nog onduidelijkheden over bestaan, wat de beperkingen zijn van de beschreven onderzoeken en wat de beperkingen zijn van je eigen literatuuronderzoek. Doe gerichte en onderbouwde aanbevelingen voor vervolgonderzoek en eventueel verbeteringen in de praktijk.

De discussie en conclusie omvatten dus meer dan alleen een samenvatting. Je moet ook een kritische discussie voeren. Bij die discussie moet je in je achterhoofd houden dat je die – bij een wetenschappelijk review-artikel – in feite voert met je vakgenoten. Vaak zijn theorieën of verklaringen niet helemaal sluitend of zijn ze alleen onder bepaalde omstandigheden aangetoond. Deze beperkingen moeten worden besproken in je artikel. Op basis van de beperkingen geef je suggesties voor vervolgonderzoek. Let wel dat de vermelding dat 'er nog meer onderzoek gedaan moet worden' niet genoeg zegt. Vertel ook *wat* er nog onderzocht moet worden of wat nog niet helemaal duidelijk is. Daarbij kun je bijvoorbeeld bespreken wat jouw bevindingen voor implicaties hebben.

Bij die implicaties kan een onderscheid worden gemaakt tussen implicaties voor de theorie en implicaties voor de praktijk. Wanneer je bijvoorbeeld een theoretisch model bespreekt en bepaalde uitkomsten van experimenten kunnen niet verklaard worden vanuit dat model, dan heeft dat als theoretische implicatie dat het model aangepast moet worden. Bij praktische implicaties moet je denken aan hoe jouw bevindingen toegepast kunnen worden. Stel dat je hebt gekeken wat de invloed is van kinderopvang op de hechting van het kind aan de ouders. Je hebt gevonden dat kinderopvang een positieve invloed kan hebben, mits deze opvang aan een aantal eisen voldoet. De implicatie voor de praktijk is dan dat ouders kunnen letten op deze eisen, of dat de overheid moet zorgen dat kinderopvang aan deze eisen voldoet.

Let er bij de discussie en conclusie ook weer op dat je structuuraanduiders gebruikt. Geef bijvoorbeeld aan wat de conclusie is door signaalwoorden te gebruiken ('Concluderend ...') of gebruik een overgangszin als je een kritische kanttekening gaat geven ('Ondanks het feit dat de literatuur aantoont dat [...], zijn wel de volgende drie kritische kanttekeningen te plaatsen: [...]').

Ter illustratie volgt hier een discussie over de effectiviteit van neurofeedback als behandeling voor ADHD.

Discussie en conclusie

In dit artikel is literatuuronderzoek gedaan naar de effectiviteit van neurofeedback als alternatieve behandeling voor ADHD bij kinderen en adolescenten. Wetenschappelijke studies laten zien dat neurofeedback op gedragsmatig niveau veranderingen kan geven bij kinderen met ADHD (Fuchs et al., 2003; Rossiter et al., 1995; Steiner et al., 2014). Tevens wordt een normalisering van EEG-frequenties gerapporteerd (Monastra et al., 2002; Leins et al., 2007). Ook lijkt neurofeedback te leiden tot een verbetering van volgehouden aandacht (Lévesque et al., 2006) en respons-inhibitie (Beauregard & Lévesque, 2006). ← Herhaling van de centrale vraag
← Korte samenvatting van de hoofdbevindingen

Hoewel deze resultaten veelbelovend lijken, zorgen tekortkomingen in de opzet van de besproken onderzoeken ervoor dat we niet kunnen concluderen dat neurofeedback daadwerkelijk effectief is bij kinderen met ADHD. Door deze tekortkomingen zijn verschillende alternatieve verklaringen niet uit te sluiten. ← Kritische bespreking van de bevindingen

Een eerste probleem is dat de effectiviteit van neurofeedback niet onderzocht is door een groep die een neurofeedback-behandeling krijgt te vergelijken met een groep die een placebo-neurofeedbackbehandeling krijgt. Weliswaar zijn neurofeedback-groepen wel vergeleken met groepen die een geheel andere of geen behandeling kregen, maar in dergelijk onderzoek is het niet duidelijk wat nu het effect van neurofeedback zelf is (Fuchs et al., 2003; Monastra et al., 2002; Rossiter,

2004). Zo is het niet duidelijk of de regelmatige training in het concentreren, het ontvangen van neurale feedback, of juist het intensieve contact met de therapeut bij deze kinderen geleid heeft tot de verbetering in gedrag en aandachtsfunctie (Heinrich et al., 2007; Loo et al., 2005; Monastra et al., 2005). In een vervolgonderzoek zou neurofeedback moeten worden vergeleken met eenzelfde soort computergebaseerde cognitieve training, maar dan zonder neurale feedback of waarbij geen correcte neurale feedback wordt gegeven (Heinrich et al., 2007; Loo et al., 2005). Hierdoor kan worden bepaald of er een relatie is tussen de vermindering in lage EEG-frequentie en de geobserveerde vermindering van ADHD-symptomen.

Een tweede probleem is dat bij veel van de onderzoeken (Fuchs et al., 2003; Monastra et al., 2002; Rossiter, 2004) ouders zelf mochten bepalen welke behandeling hun kind kreeg. Hierdoor worden ouders van informatie voorzien over het doel en de inhoud van de behandeling en zijn ze dus op de hoogte van wat er gemeten wordt. Men mag aannemen dat de ouders juist die behandeling kozen waarin ze het meeste vertrouwen hadden. Waarschijnlijk zal dus ook hun rapportage over het effect positief gekleurd zijn. Deze invloeden kunnen mogelijk verminderd worden wanneer in vervolgonderzoek de onderzoekers zelf de kinderen willekeurig toewijzen aan een van de behandelmethoden (Loo et al., 2005; Monastra et al., 2005).

Een derde probleem is dat het onduidelijk is waardoor kinderen met ADHD baat hebben bij neurofeedback. Uit vervolgonderzoek moet duidelijk worden of de prestatievooruitgang daadwerkelijk toe te schrijven is aan deze behandeling, of dat hier alternatieve verklaringen voor zijn. Zo heeft de hoge frequentie van belonen tijdens de neurofeedbackbehandeling mogelijk al een positief effect op de prestatie van kinderen met ADHD. Kinderen met ADHD lijken een direct beschikbare, maar kleinere beloning, boven een grotere uitgestelde beloning te prefereren (Luman et al., 2005). In dat opzicht is neurofeedback aantrekkelijk voor deze kinderen, omdat zij zeer frequent worden beloond. Zo worden zij al met een computerscore beloond wanneer zij een halve seconde de gewenste EEG-frequentie produceren (Loo et al., 2005). Het is dus de vraag of de neurofeedback of juist de beloning de oorzaak is van de verbeterde prestatie. Daarom is vervolgonderzoek gewenst om te onderzoeken of een lagere frequentie van belonen dezelfde verbeterde prestatie oplevert bij kinderen met ADHD.

Uiteindelijke conclusie (antwoord op de vraag) → Samenvattend kan worden gesteld dat door de methodologische tekortkomingen in de studies naar de effectiviteit van neurofeedback vooralsnog het werkende mechanisme van deze behandeling niet eenduidig wordt vastgesteld. De effectiviteit van het specifieke element neurale feedback onderscheidt zich niet van meer algemene kenmerken van

behandeling, zoals therapeut-effecten. Verder onderzoek is nodig om in kaart te brengen hoe neurofeedback precies werkt en of het inderdaad de neurofeedback is die de veranderingen bewerkstelligt of dat hier andere factoren aan ten grondslag liggen.   Implicaties voor theorie of praktijk
Deze tekst is een bewerking van de volgende twee bronnen:
M. H. de Hen & H. M. Geurts (2008). Is neurofeedback effectief bij kinderen met ADHD? *Tijdschrift voor Neuropsychologie, 2*, 14-27.
'Neurofeedback een alternatief voor de behandeling van ADHD bij kinderen en adolescenten?' van Joost Gülpen (student aan de Erasmus Universiteit Rotterdam).

Vuistregel 8
Zorg dat in je discussie en conclusie de volgende elementen zitten:
- herhaling van de centrale vraag;
- korte samenvatting van de hoofdbevindingen;
- uiteindelijke conclusie (het antwoord op de vraag);
- kritische bespreking van de bevindingen;
- suggesties voor vervolgonderzoek;
- implicaties voor theorie en/of praktijk.

Oefening 14
Oefening 15
Oefening 16

Deel 5: De samenvatting

De samenvatting schrijf je meestal als laatste en hierin geef je een beknopt overzicht van de inhoud van de tekst. Omdat een tekst begint met een samenvatting, moet deze op zichzelf staan. De lezer moet de samenvatting kunnen begrijpen zonder de tekst te hebben gelezen. Vaak besluit de potentiële lezer van jouw bijdrage op basis van de samenvatting of hij de rest van je tekst wil gaan lezen. Het is dus een soort van visitekaartje voor je verhaal.

Kenmerken van een goede samenvatting
Wat moet er in een goede samenvatting staan? En wat moet er vooral niet in staan? Ook hier gelden weer de richtlijnen van de American Psychological Association (APA).

Een goede samenvatting bevat een beknopte en correcte weergave van het doel en de inhoud van je artikel. Allereerst vertel je wat het onderwerp is en wat de vraagstelling of de doelstelling is.

Ook vertel je wat de reikwijdte (of *scope*) van je artikel is. Hiermee wordt bedoeld dat je aangeeft op welk gebied het betrekking heeft en wat de beperkingen ervan zijn. Voorbeelden van reikwijdtes zijn: je bekijkt agressief gedrag bij kinderen, of alleen bij adolescenten, of bij volwassenen of bij ouderen. Ook kun je aangeven dat je een beperkt aantal theorieën vergelijkt (er wordt een verklaring gezocht voor [...] aan de hand van een drietal theorieën). Of je bekijkt het effect van één bepaalde interventie.

In je samenvatting geef je ook aan waar je de informatie vandaan hebt die je gebruikt hebt voor je artikel. Je kunt op verschillende manieren aan informatie komen: door een experiment te doen, door persoonlijke observaties te doen, door gepubliceerde literatuur te bestuderen of door een casestudy. In het geval van een review-artikel betekent het dat je moet aangeven dat je door middel van een literatuurstudie aan je gegevens bent gekomen. Je hoeft overigens niet je referenties te noemen in je samenvatting.

Ten slotte geef je de hoofdconclusie(s) weer. Wanneer je veel bevindingen hebt gedaan, probeer je dan te beperken tot de belangrijkste conclusies (drie tot vijf).

Vuistregel 9
Zorg dat een samenvatting het volgende bevat:
- het onderwerp;
- het doel of de vraagstelling;
- de reikwijdte (het domein waarop de vraagstelling betrekking heeft);
- waarop de informatie gebaseerd is (bijvoorbeeld literatuuronderzoek);
- de conclusies (drie tot vijf).

Zorg er verder voor dat elke zin een maximale informatiedichtheid heeft. Een afwisseling van korte en wat langere zinnen is prettig voor de lezer. Begin de samenvatting met de belangrijkste informatie en verspil geen ruimte aan het herhalen van de titel. Wanneer je een artikel in een wetenschappelijk tijdschrift publiceert, mag de samenvatting vaak niet meer dan 150 woorden bevatten. Denk dus goed na over de formulering van je zinnen. Val gelijk met de deur in huis; een leuke introductie op je onderwerp volgt wel in je inleiding.

Vuistregel 10
Wees zo beknopt mogelijk bij het maken van je samenvatting en gebruik niet meer dan 150 woorden.

Een voorbeeld van een samenvatting (112 woorden):

> **De invloed van leeftijdsgenoten op risicovol gedrag onder adolescenten**
>
> Dit review-artikel richt zich op de invloed van leeftijdsgenoten op risicovol gedrag bij adolescenten. Aan de hand van een aantal ontwikkelingsprocessen van het brein wordt uitgelegd waarom adolescenten kwetsbaar zijn voor de invloed van leeftijdsgenoten. De gebruikte informatie is verzameld middels een literatuuronderzoek. Uit de literatuur blijkt dat het beloningssysteem tijdens de adolescentie extra gevoelig is voor sociale invloeden. Door de verhoogde behoefte om erbij te horen zijn adolescenten kwetsbaar voor groepsdruk en worden hun normen gemakkelijk beïnvloed. Bovendien zijn adolescenten door hun onontwikkelde prefrontale cortex niet goed in staat risico's in te schatten. De combinatie van deze twee factoren kan bij adolescenten leiden tot verhoogd risicogedrag onder invloed van leeftijdsgenoten.

De eerste zin van deze samenvatting bevat het onderwerp (risicovol gedrag bij adolescenten), het doel van het onderzoek (de invloed van leeftijdgenoten op risicovol gedrag) en de reikwijdte (het onderzoek heeft betrekking op adolescenten, niet op bijvoorbeeld volwassenen). De gebruikte informatiebron wordt in de derde zin genoemd (informatie afkomstig van literatuuronderzoek). De laatste vier zinnen bevatten de conclusies (de extra gevoeligheid van het beloningssysteem tijdens de adolescentie en de onderontwikkelde prefrontale cortex leiden tot verhoogd risicogedrag onder invloed van leeftijdsgenoten).

Oefening 17
Oefening 18

Wat er niet in een samenvatting moet staan

Wat mag er niet in een samenvatting staan? Allereerst mag deze geen informatie bevatten die niet elders in de tekst terug te vinden is. Daarnaast moet een samenvatting op zichzelf staan. Gebruik bijvoorbeeld geen afkortingen van theorieën, stoornissen, tests, medicijnen, enzovoort. De lezer zou dan verderop in het artikel moeten gaan zoeken wat deze afkortingen inhouden. Wanneer je termen gebruikt die de lezer niet kent, omdat ze bijvoorbeeld technisch van aard zijn, dan moet je die uitleggen. Verder mag je geen citaten gebruiken in je samenvatting. Ook moet je ervoor waken overbodig commentaar op de conclusies te leveren. Beperk je tot het rapporteren van de belangrijkste bevindingen.

Vuistregel 11
Zorg dat een samenvatting *niet* het volgende bevat:
- nieuwe informatie die niet in de tekst staat;
- afkortingen van theorieën, stoornissen, tests, medicijnen, enzovoort;
- technische termen die niet uitgelegd worden;
- citaten;
- overbodig commentaar.

Een voorbeeld van een minder goede samenvatting is de volgende:

> **Psychologische tests op internet: nieuwe problemen, oude onderwerpen**
>
> Het internet heeft de manier waarop mensen zaken doen, communiceren en leven aanzienlijk veranderd. Dit artikel richt zich door middel van literatuuronderzoek op de vraag hoe internet het werkveld van de psychologie beïnvloedt wat betreft tests en assessments. Er worden vijf brede kwesties besproken: achtergrond en context, nieuwe en oude problemen, speciale populaties, ethische en professionele kwesties, en aanbevelingen voor de toekomst. De auteurs concluderen hieruit het volgende: "De ethische verantwoordelijkheden van psychologen en huidige psychometrische maatstaven gaan ook op voor internettests, ondanks het feit dat de tests op een andere manier ontwikkeld zijn en zeer verschillend gebruikt worden" (p. 16). U kunt dus rustig meedoen aan onderzoek en assessments via internet.

Deze samenvatting is om vier redenen minder goed. Ten eerste is de eerste zin te algemeen. Bovendien heeft hij geen directe relatie met het onderwerp van het artikel: psychologische tests op internet. De zin hoort niet in een samenvatting thuis, hoewel de inleiding tot het artikel wel met deze zin zou kunnen beginnen. Ten tweede beschrijft deze samenvatting de inhoudsopgave van het artikel en ook dat is niet de bedoeling. Ten derde is er gebruikgemaakt van een citaat; dit is niet toegestaan in een samenvatting. Verder is het ook ongebruikelijk om uit je eigen artikel te citeren. Je hoeft het dus helemaal niet als een citaat te vermelden. Ten vierde wordt er na de conclusie commentaar gegeven op deze conclusie. Dit is subjectieve informatie (overbodig commentaar) en die is niet toegestaan in een samenvatting.

Een betere samenvatting zou zijn:

> **Psychologische tests op internet: nieuwe problemen, oude onderwerpen**
>
> Dit artikel richt zich door middel van literatuuronderzoek (*waarop de informatie gebaseerd is*) op de vraag hoe internet het werkveld van de psychologie beïnvloedt wat betreft tests en assessments (*onderwerp en doel*). Het bespreekt problemen die betrekking hebben op speciale populaties die met internet bereikt worden, en ethische en professionele kwesties (*reikwijdte*). Geconcludeerd wordt dat de ethische verantwoordelijkheden van psychologen en huidige psychometrische maatstaven ook opgaan voor internettests, ondanks het feit dat die tests op een andere manier ontwikkeld zijn en zeer verschillend gebruikt worden (*conclusies*).

Een veelgemaakte fout bij samenvattingen is aangeven wat je gaat vertellen, in plaats van de conclusies op te schrijven. Geef dus geen 'inhoudsopgave', maar vermeld wat je bevindingen zijn.

Vuistregel 12
Zorg dat je in je samenvatting niet vertelt wat je gaat bespreken, maar wat je conclusies zijn.

Oefening 19
Oefening 20
Oefening 21

Kennistest vraag 1 t/m 9

Overzicht van de vuistregels van ViP-4: Het schrijven van de inhoud

1. Zorg dat de opbouw van je artikel de 'zandlopervorm' heeft.
2. Zorg dat in je inleiding de volgende elementen zitten:
   - introductie van het onderwerp;
   - korte schets van het probleemgebied;
   - onderbouwing van de vraag vanuit een theoretisch kader;
   - duidelijke centrale vraag;
   - stelling (bij een wetenschappelijk betoog);
   - beschrijving van de opbouw van het artikel.
3. Zorg ervoor dat je in de inleiding de interesse van de lezer opwekt.
4. Geef in het middenstuk de relevante informatie voor de beantwoording van je centrale vraag.
5. Denk goed na over de manier waarop je de informatie gaat aanbieden en zorg dat je tekst een logische en duidelijke opbouw heeft.
6. Zorg ervoor dat je bij het beschrijven en verwerken van literatuur:
   - duidelijk maakt hoe de informatie gerelateerd is aan jouw centrale vraag;
   - de literatuur kritisch verwerkt;
   - de verschillende bronnen met elkaar in verband brengt.
7. Gebruik structuuraanduiders in je tekst zoals:
   - zinnen die beschrijven wat je gaat vertellen;
   - overgangszinnen;
   - samenvattende zinnen.
8. Zorg dat in je discussie en conclusie de volgende elementen zitten:
   - herhaling van de centrale vraag;
   - korte samenvatting van de hoofdbevindingen;
   - uiteindelijke conclusie (het antwoord op de centrale vraag);
   - kritische bespreking van de bevindingen;
   - suggesties voor vervolgonderzoek;
   - implicaties voor theorie en/of praktijk.
9. Zorg dat een samenvatting het volgende bevat:
   - het onderwerp;
   - het doel of de vraagstelling;
   - de reikwijdte (het domein waarop de vraagstelling betrekking heeft);
   - waarop de informatie gebaseerd is (bijvoorbeeld literatuuronderzoek);
   - de conclusies (drie tot vijf).
10. Wees zo beknopt mogelijk in je samenvatting en gebruik niet meer dan 150 woorden.

11. Zorg dat een samenvatting *niet* het volgende bevat:
    - nieuwe informatie die niet in de tekst staat;
    - afkortingen van theorieën, stoornissen, tests, medicijnen, enzovoort;
    - technische termen die niet uitgelegd worden;
    - citaten;
    - overbodig commentaar.
12. Zorg dat je in je samenvatting niet vertelt wat je gaat bespreken, maar wat je conclusies zijn.

ViP-5: Refereren, parafraseren en citeren

Inleiding

Wanneer je een review-artikel schrijft, gebruik je altijd teksten van andere auteurs. Het is belangrijk om te weten op welke manier je teksten van anderen mag gebruiken. Dit onderwerp staat centraal in deze schrijf-ViP.

Wanneer je wetenschappelijke literatuur bestudeert, zal het je vast zijn opgevallen dat in de meeste teksten regelmatig namen met een jaartal worden genoemd, bijvoorbeeld Levelt (2016) of (Levelt, 2016). Dit is niet voor niets; deze verwijzingen of referenties zijn een essentieel onderdeel van een wetenschappelijke tekst. Hiermee laat de schrijver zien dat wat er beschreven wordt niet van hem- of haarzelf is, maar aan de genoemde auteur toegeschreven moet worden. Je geeft er dus mee aan dat het niet om je eigen ideeën gaat, maar om die van een ander. Onterecht suggereren dat het om je eigen ideeën gaat, is namelijk *plagiaat* (of *letterdiefstal*) en is streng verboden. Onder plagiaat valt ook het letterlijk overnemen van tekst uit een bron (tenzij je met aanhalingstekens aangeeft dat het om een citaat gaat). Een andere functie van refereren is dat de lezer weet in welke bron deze meer informatie over een onderwerp kan vinden, of in welke bron de oorspronkelijke studie (bijvoorbeeld een experiment) wordt beschreven. Auteurs refereren om die reden ook regelmatig aan zichzelf.

In deel 1 leer je hoe je een referentielijst opstelt en hoe je in je tekst naar andere auteurs verwijst. Als je een referentielijst maakt, dan gelden bepaalde afspraken over hoe de referenties eruit moeten zien. Er zijn verschillende verwijssystemen, met elk hun eigen afspraken over hoe je moet verwijzen. Binnen de psychologie en pedagogiek wordt doorgaans het verwijssysteem van de eerdergenoemde

American Psychological Association (APA) gebruikt. Voor een compleet overzicht van de referentieregels kun je de *Publication Manual of the American Psychological Association, 6th edition* raadplegen. Dit boek bevat ook allerlei andere richtlijnen over de lay-out van artikelen, het gebruik van leestekens (interpunctie), taalgebruik, de vormgeving van tabellen en figuren, en nog vele andere zaken. In deze schrijf-ViP worden alleen de belangrijkste referentieregels besproken. Bij het refereren moeten de regels heel precies worden nageleefd; elk teken moet op de juiste plek staan. De regels voor refereren zijn dan ook geen vuistregels, maar 'harde' regels.

Deel 2 gaat over parafraseren en citeren. Parafraseren betekent dat je andermans tekst in je eigen woorden weergeeft. Aangezien je de tekst van iemand anders niet letterlijk mag overnemen, is het belangrijk dat je goed kunt weergeven wat een ander geschreven heeft. Dat kan soms best lastig zijn, zeker wanneer een ander het al zo mooi gezegd heeft. Wanneer je een stuk tekst van een andere auteur parafraseert, moet je er goed op letten dat je alle essentiële informatie in je eigen woorden hebt weergegeven. Het is niet de bedoeling dat je je eigen interpretatie geeft. Je plaatst namelijk wel een referentie bij elke parafrase, dus wanneer je zinnen uit de context haalt en er een eigen draai aan geeft, suggereer je dat die auteur dat zo geschreven heeft. Bij citeren neem je wel letterlijk een stuk tekst over. Citaten gebruik je alleen wanneer de oorspronkelijke tekst een gedachte, inzicht of redenering zo bijzonder verwoordt, dat een parafrase er ernstig tekort aan zou doen. Ook voor citeren gelden afspraken over hoe je dat precies moet doen.

Deel 1: Refereren

De referentielijst
Iedere wetenschappelijke verhandeling – een boek, een artikel, een rapport, een literatuurverslag, enzovoort – wordt doorgaans afgesloten met een referentielijst. Hierin staan alle bronnen (publicaties) vermeld die voor de verhandeling zijn gebruikt. In de tekst worden deze meestal expliciet aangegeven door namen van auteurs te noemen met daarbij een jaartal waarin de publicatie is verschenen. Als je een willekeurig basisboek inkijkt, dan zie je bijvoorbeeld passages als 'Kosslyn (1976) studied the responses of children …' of 'Attentional processes are strongly influenced by expectation

(Posner, Snyder, & Davidson, 1980)'. Hier refereert (verwijst) de auteur dus aan (naar) het werk van anderen. Deze referenties (verwijzingen) worden aan het einde van de verhandeling op een rijtje gezet in de zogenoemde referentielijst.

In deze schrijf-ViP leer je hoe je een referentielijst opstelt. We bespreken de vorm van referenties voor een boek, een verzamelbundel onder redactie van een of meer auteurs, een artikel uit een wetenschappelijk tijdschrift, een artikel uit een elektronisch wetenschappelijk tijdschrift en een document van internet. Eerst leer je hoe je deze bronnen in een referentielijst zet en vervolgens hoe je in een tekst naar deze bronnen verwijst.

Boeken

De basisvorm voor de vermelding van een boek in een referentielijst is als volgt:

Boek

Auteur, A. A., Auteur, B. B., & Auteur, C. C. (Publicatiejaar). *Boektitel*. Plaats, Land of (in het geval van een plaats in de VS) Staat: Uitgever.

In deze algemene weergave worden drie auteurs genoemd. Dat kunnen er natuurlijk ook meer zijn, of slechts een of twee. Hieronder vind je twee voorbeelden van referenties van een boek:

1. Schmidt, H. G., & Moust, J. H. C. (1998). *Probleemgestuurd onderwijs: Praktijk en theorie*. Groningen, Nederland: Wolters-Noordhoff.

2. Van Merriënboer, J. J. G. (1997). *Training complex cognitive skills: A four-component instructional design model for technical training*. Englewood Cliffs, NJ: Educational Technology Publications.

Allereerst worden de auteurs (of auteur) van een boek vermeld (eerst de achternamen, dan de voorletters gevolgd door een komma; vóór de laatste auteursnaam staat een &-teken). Let op de spaties tussen de voorletters van de auteurs. Vervolgens komt tussen haakjes het publicatiejaar. Daarna komt in cursieve letters de titel van het boek (een eventuele ondertitel wordt met een dubbele punt aangegeven). De vermelding wordt afgesloten met de gegevens van de uitgever: allereerst de plaats, vervolgens het land of, in het geval van een plaats in de Verenigde Staten de staat, achter een dubbele punt de naam van de uitgever en ten slotte een punt.

Sommige plaatsen zijn zo bekend, dat er geen land bij vermeld hoeft te worden. Ook worden sommige staten uit de Verenigde Staten zo vaak aangehaald, dat er afkortingen voor bedacht zijn. Zie bijvoorbeeld 'NJ' in voorbeeld 2 van de referenties: dit staat voor New Jersey. Voor details hierover kun je in de *Publication Manual* van de APA kijken.

Merk ook op dat voorvoegsels bij een achternaam voor de achternaam komen (zie voorbeeld 2). Dus: Van Merriënboer, J. J. G. (1997) en niet Merriënboer, J. J. G. van (1997).

Oefening 1

Verzamelbundels
Verzamelbundels (Engels: *edited books*) zijn samengesteld door een of meer redacteuren (Engels: *editors*). Deze redacteuren hebben experts uitgenodigd om een hoofdstuk te schrijven over hun expertisegebied. Doorgaans zijn de hoofdstukken in een verzamelbundel dus afkomstig van verschillende auteurs.

De basisvorm voor de vermelding in een referentielijst van een hoofdstuk uit een verzamelbundel is als volgt:

> **Hoofdstuk in een verzamelbundel**
>
> Auteur, A. A., & Auteur, B. B. (Publicatiejaar). Hoofdstuktitel. In C. C. Redacteur(en) (Ed. of Eds.), *Boektitel* (pp. x-x). Plaats, Land of (in het geval van een plaats in de VS) Staat: Uitgever.

Een voorbeeld:
Schmidt, H. G., & Moust, J. H. C. (2000). Factors affecting small-group tutorial learning: A review of research. In D. H. Evensen & C. E. Hmelo (Eds.), *Problem-based learning: A research perspective on learning interactions* (pp. 19-51). Mahwah, NJ: Erlbaum.

Na de auteursnaam of -namen volgt weer het publicatiejaar. Daarna komt de titel van het hoofdstuk (niet cursief). Vervolgens volgt het woord 'In' om aan te geven dat het hoofdstuk in het verder te noemen geredigeerde boek staat. Dan volgen de voorletters en namen van de redacteur(en); in die volgorde deze keer! Dat het om redacteuren gaat, wordt tussen haakjes aangegeven met de afkorting 'Ed.' (Engels: *Editor*) of met 'Eds.' (Engels: *Editors*) als het respectievelijk om een of om meerdere redacteuren gaat. Vervolgens komt de titel van het geredigeerde boek (cursief) met daarachter de bladzijden die het hoofdstuk in het boek beslaat (voorafgegaan door de afkorting 'pp.' voor pagina's; na die pp. komt eerst een spatie voorafgaand aan de nummers). De vermelding wordt weer op de hiervoor besproken manier afgesloten met de gegevens van de uitgever.

Noot: Het redacteurschap wordt in de oorspronkelijke taal aangegeven. Dus in het Engels (Ed.) of (Eds.); in het Duits (Hrsg.); in het Frans (edt.) en in het Nederlands (red.).

Oefening 2

3. *Artikelen in tijdschriften*
Tijdschriften worden uitgegeven in de vorm van losse nummers (Engels: *issues*). Deze worden door bibliotheken ieder jaar gebundeld in zogenaamde jaargangen (Engels: *volumes*). Om zo'n tijdschriftartikel terug te vinden wordt daarom het nummer van de jaargang vermeld. Omdat de meeste tijdschriften de pagina's doornummeren, dat wil zeggen bij elk nieuw issue doorgaan met nummeren waar het vorige issue is opgehouden, is het meestal niet nodig om het nummer van het issue te vermelden. Je kunt over het algemeen volstaan met het vermelden van de paginanummers. Als tijdschriften niet doornummeren, moet je het issue uiteraard wél vermelden. Het nummer van het issue wordt dan tussen haakjes achter het nummer van de jaargang vermeld.

De basisvorm voor de vermelding van een tijdschriftartikel in een referentielijst is als volgt:

> **Artikel in een tijdschrift**
>
> Auteur, A. A., Auteur, B. B., & Auteur, C. C. (Publicatiejaar). Titel van het artikel. *Tijdschrift, jaargangnummer* (eventueel issuenummer), x-x.

Een voorbeeld:
Camp, G., Paas, F., Rikers, R., & Van Merriënboer, J. (2001). Dynamic problem selection in air traffic control training: A comparison between performance, mental effort, and mental efficiency. *Computers in Human Behavior, 17*(3), 575-595.

Na het vermelden van de auteursnaam of -namen en het publicatiejaar volgt de titel van het artikel (niet cursief). Vervolgens wordt de naam van het tijdschrift vermeld (cursief). Daarna volgt het nummer van de jaargang (cursief). Ten slotte worden de paginanummers vermeld (niet cursief).

Oefening 3

Elektronische tijdschriften en internetdocumenten

Wanneer je aan een elektronisch tijdschrift wilt refereren, moet je achteraan de referentie de doi-code vermelden. Doi staat voor Digital Object Identifier. Het is een unieke numerieke code die wordt toegekend aan tijdschriften die verschijnen bij bepaalde wetenschappelijke uitgevers. De doi-code maakt een blijvende link naar de locatie van documenten op het internet mogelijk. Daarmee is toegang gegarandeerd, ook wanneer het internetadres wijzigt.

Een voorbeeld van een doi-code is:
doi:10.1080/03640210701703725

Als het document een doi-code heeft, vermeld je die helemaal aan het eind van de referentie. Na de doi-code volgt geen punt. De doi-code staat meestal op de eerste pagina van het document.

Voorbeeld:
Linhares, A., & Brum, P. (2007). Understanding our understanding of strategic scenarios: What role do chunks play? *Cognitive Science, 31*(6), 989-1007. doi:10.1080/0364021070 1703725

Artikel uit een elektronisch tijdschrift met DOI

Auteur, A. A., Auteur, B. B., & Auteur, C. C. (Publicatiejaar). Titel van het artikel. *Tijdschrift, jaargangnummer* (eventueel issuenummer), x-x. doi:xxxxxxxxxxxxxxxx

---

Het verwijzen naar een artikel van een elektronisch tijdschrift waaraan geen doi-code is toegekend, verschilt op twee punten van het verwijzen naar elektronische tijdschriften met een doi-code: je moet de datum vermelden waarop je het artikel van internet hebt gehaald en je moet de URL vermelden. URL staat voor *Uniform Resource Locator*; het is het label dat verbonden is aan de informatie op internet en begint meestal met http://. Deze URL moet je vermelden omdat informatie op internet makkelijk veranderd of verwijderd kan worden. Dit in tegenstelling tot gedrukte artikelen.

De basisvorm voor de vermelding van een elektronisch tijdschriftartikel zonder doi-code in een referentielijst is als volgt:

Artikel uit een elektronisch tijdschrift zonder DOI

Auteur, A. A., Auteur, B. B., & Auteur, C. C. (Publicatiejaar). Titel van het artikel. *Tijdschrift, jaargangnummer* (eventueel issuenummer), x-x. Verkregen van URL

Een voorbeeld:
Van den Bos, G., Knapp, S., & Doe, J. (2001). Role of reference elements in the selection of resources by psychology undergraduates. *Journal of Bibliographic Research, 5,* 117-123. Verkregen van http://jbr.org/articles.html

Je kunt ook verwijzen naar een document op internet. Aangezien iedereen van alles op internet kan zetten, moet je wel nagaan of het document betrouwbare informatie bevat. Wanneer je bijvoorbeeld symptomen van ADHD wilt opzoeken op internet, is een persoonlijke website van Jan die aan ADHD lijdt, waarschijnlijk geen betrouwbare bron. De DSM-5 zal een betere en objectievere bron zijn.

De basisvorm voor de vermelding van een document van internet in een referentielijst is als volgt:

Document van internet

Auteur, A. A., Auteur, B. B., & Auteur, C. C. of Organisatie D. (Publicatiejaar). *Titel van het document.* Verkregen van URL

Een voorbeeld:
CBS. (1998). *Kerncijfers schooldeelname.* Verkregen van http://www.cbs.nl/statistiek/kerncijfers/scholen.html

 Oefening 4

De referentielijst
Nu je weet hoe je de referenties van verschillende literatuurbronnen opstelt, kun je de uiteindelijke referentielijst gaan maken. De bronvermeldingen moeten op alfabetische volgorde (naam van de eerste auteur) staan. Gebruik geen nummers of zogenaamde *bullets.* Laat de referentie links uitgelijnd beginnen; de volgende regel van de referentie laat je inspringen (drie posities). Boven een referentielijst staat dikwijls het kopje 'Referenties'. Een referentielijst kan er als volgt uitzien:

Referenties

Camp, G., Paas, F., Rikers, R., & Van Merriënboer, J. (2001). Dynamic problem selection in air traffic control training: A comparison between performance, mental effort, and mental efficiency. *Computers in Human Behavior, 17,* 575-595.

> Schmidt, H. G. (1984). *Tutorials in problem-based learning: A new direction in teaching the health professions*. Assen, The Netherlands: Van Gorcum.
> Schmidt, H. G., & Moust, J. H. C. (1998). *Probleemgestuurd onderwijs: Praktijk en theorie*. Groningen, The Netherlands: Wolters-Noordhoff.
> Schmidt, H. G., & Moust, J. H. C. (2000). Factors affecting small-group tutorial learning: A review of research. In D. H. Evensen & C. E. Hmelo (Eds.), *Problem-based learning: A research perspective on learning interactions* (p. 19-51). Mahwah, NJ: Erlbaum.
> Van Merriënboer, J. J. G. (1997). *Training complex cognitive skills: A four-component instructional design model for technical training*. Englewood Cliffs, NJ: Educational Technology Publications.

Merk op dat bij het alfabetiseren van bronnen met dezelfde eerste auteur wordt uitgegaan van de naam van de tweede auteur. Als die ook hetzelfde is, wordt gekeken naar de eerstvolgende, enzovoort. Daarnaast geldt de regel 'niets gaat voor iets': als er bijvoorbeeld twee bronnen zijn waarvan de eerste auteur hetzelfde is en er bij één bron sprake is van slechts één auteur, dan gaat deze laatste voor. Zo wordt 'Schmidt, H. G.' vóór 'Schmidt, H. G., & Moust, J. H. C.' vermeld. Als alle namen hetzelfde zijn, worden de bronvermeldingen op volgorde van publicatiejaar gezet.

> **Volgorde van referenties in de referentielijst**
>
> De referenties staan op alfabetische volgorde van de namen van de auteurs.
> Een enkele auteur gaat voor meerdere auteurs wanneer de referenties dezelfde eerste auteur hebben (de 'niets gaat voor iets'-regel).
> Bij precies dezelfde namen orden je op publicatiejaar.

> **Lay-out van de referentielijst**
>
> Onderscheid je referenties door in te springen; gebruik geen *bullets* of nummering. Laat de referentie gewoon links uitgelijnd beginnen; de volgende regel van de referentie laat je inspringen (drie posities).

Oefening 5

Refereren in de tekst

Refereren in de tekst kan op drie manieren. Je kunt een auteur expliciet in de tekst noemen, bijvoorbeeld: 'Levelt (1989) beschrijft een serieel taalproductiemodel, dat …' of 'Dit fenomeen kan worden verklaard met het seriële taalproductiemodel van Levelt (1989), dat bestaat uit …' Je kunt een referentie ook volledig tussen haakjes zetten, bijvoorbeeld: 'Dit fenomeen kan worden verklaard met een serieel taalproductiemodel (Levelt, 1989).' Een stuk minder gebruikelijk, maar wel correct, is het noemen van zowel de auteur als het jaartal in de lopende tekst. Bijvoorbeeld: 'In 1989 postuleerde Levelt zijn seriële taalproductiemodel.' De eerste twee referentievormen verdienen echter de voorkeur. Wanneer je de laatste vorm namelijk vaak gebruikt, is dat hinderlijk voor de lezer.

Refereren in de tekst

1. Auteur expliciet noemen:
   'Auteur (jaartal) beschrijft …' of '… van Auteur (jaartal)'
2. Referentie tussen haakjes:
   '… (Auteur, jaartal)'
3. Auteur en jaartal expliciet noemen (afgeraden: niet gebruikelijk):
   'In jaartal beschreef Auteur …'

Ook bij referenties in de tekst worden eventuele voorvoegsels bij achternamen voorop geplaatst. Dus in de referentielijst zet je bijvoorbeeld: 'De Vries, A. (1998) …' In de tekst zelf schrijf je: '… (De Vries, 1998).' Of: 'De Vries (1998) beschrijft …'

Voornamen of voorletters van auteurs worden niet gebruikt in een referentie in een tekst. Een uitzondering hierop zijn referenties waarbij verschillende auteurs dezelfde achternaam hebben.

Oefening 6

Meerdere auteurs

Als er sprake is van twee auteurs binnen één referentie, dan worden deze auteurs altijd allebei genoemd, bijvoorbeeld: Dell en Reich (1981). Tussen haakjes worden de namen verbonden door het &-teken: '(Dell & Reich, 1981)'.

> **Refereren aan twee auteurs**
>
> 'Auteur 1 en Auteur 2 (jaartal) ...' of '... (Auteur 1 & Auteur 2, jaartal)'

Als er sprake is van meer dan twee auteurs binnen één referentie, dan worden deze auteurs bij de eerste keer refereren allemaal genoemd, bijvoorbeeld: 'Schriefers, Meyer en Levelt (1990)' of '(Schriefers, Meyer, & Levelt, 1990)'. De volgende keren dat naar deze bron wordt verwezen, wordt alleen de eerste auteur genoemd gevolgd door 'et al.'. Deze afkorting staat voor het Latijnse *et alii*, wat 'en anderen' betekent. Dergelijke referenties zien er dan bijvoorbeeld als volgt uit: 'Schriefers et al. (1990)' of '(Schriefers et al., 1990)'.

> **Refereren aan meer dan twee auteurs**
>
> Eerste vermelding:
> 'Auteur 1, Auteur 2 en Auteur 3 (jaartal) ...' of '... (Auteur 1, Auteur 2, & Auteur 3, jaartal)'
> Na de eerste vermelding:
> 'Auteur 1 et al. (jaartal) ...' of '... (Auteur 1 et al., jaartal)'

Bij zes of meer auteurs gebruik je bij de eerste verwijzing al meteen 'et al.'. In de referentielijst vermeld je dan altijd de eerste zes auteurs. Indien er sprake is van meer dan zes auteurs, vermeld je de eerste zes auteurs gevolgd door een weglatingsteken (drie punten, gescheiden door een spatie). Daarna volgt de naam van de laatste auteur (zonder &-teken).

Voorbeeld van een referentie aan meer dan zes auteurs:
Miller, F. H., Choi, M. J., Angeli, L. L., Harland, A. A., Stamos, J. A., Thomas, S. T., . . . Rubin, L. H. (2009). Web site usability for the blind and low-vision user. *Technical Communication, 57,* 323-335.

Oefening 7

Meerdere werken

In sommige gevallen vind je bepaalde bevindingen terug in meerdere bronnen. In het geval dat je deze informatie in je artikel verwerkt, is het verstandig om te refereren aan alle publicaties waarin je deze informatie gelezen hebt. De bevinding die je in jouw artikel beschrijft, krijgt op die manier bovendien meer geloofwaardigheid omdat je laat zien dat het is gevonden door meerdere onderzoekers.

> **Refereren aan werken van verschillende auteurs**
>
> (Auteur(s) bron 1, jaartal bron 1; Auteur(s) bron 2, jaartal bron 2)

Tussen de auteurs van de verschillende bronnen in plaats je een puntkomma, bijvoorbeeld: (Cavanagh & Shapiro, 2004; Coelho et al., 2009). Bij het plaatsen van een verwijzing naar meerdere werken wordt de alfabetische volgorde aangehouden waarop de referenties in de referentielijst zijn gerangschikt.

> **Refereren aan werken van dezelfde auteur(s)**
>
> (Auteur(s), jaartal bron 1, jaartal bron 2)

Als er sprake is van informatie die in verschillende bronnen van dezelfde auteur vermeld staat, refereer je aan de auteur en aan het jaartal van de verschillende bronnen. Tussen de jaartallen in plaats je een komma, bijvoorbeeld: (Gogel, 1990, 2006).

> **Refereren aan werken van dezelfde auteur(s) uit hetzelfde jaar:**
>
> (Auteur(s), jaartal bron 1a, jaartal bron 2b)

Als de informatie die je gebruikt uit verschillende publicaties van dezelfde auteur(s) uit hetzelfde jaar komt, maak je onderscheid tussen de verschillende bronnen door aan het jaartal letters uit het alfabet toe te voegen, bijvoorbeeld: (Derryberry & Reed, 2005a, 2005b).

Oefening 8

Precisie
Zoals al eerder is gezegd, moeten de referentieregels heel precies toegepast worden. Het gaat bij refereren om het volledig en precies toepassen van de regels.

Oefening 9

Het moment van refereren
Heel belangrijk is de timing van een referentie. Op welk moment moet je eigenlijk refereren? Dit kun je het beste zo vroeg mogelijk doen, zodat de lezer op tijd in de gaten heeft dat je een uiteenzetting geeft die aan iemand anders moet worden toegeschreven. Een ander belangrijk punt betreft de vraag hoe vaak je moet refereren aan eenzelfde bron. Het antwoord ligt in het midden: niet te weinig, maar ook weer niet te vaak. Je hoeft zeker niet na elke zin die ontleend is aan een bepaalde bron, te refereren aan die bron. Als je een consistent verhaal schrijft waarin zaken duidelijk met elkaar samenhangen, dan suggereer je namelijk al dat een en ander bij dezelfde referentie hoort. Opnieuw refereren heeft wel zin als je tussendoor een andere referentie noemt. In dat geval is het zaak dat de lezer precies weet over welke bron het gaat. Dit is bijvoorbeeld het geval als twee bronnen met elkaar worden vergeleken. Vaak worden jaartallen in dat geval weggelaten.

Vuistregel 1
Geef zo vroeg mogelijk aan wanneer je een publicatie van iemand anders aanhaalt.

Vuistregel 2
Refereer niet te vaak en niet te weinig.

Oefening 10

Deel 2: Parafraseren en citeren

Parafraseren

Je mag het werk van andere mensen niet zomaar gebruiken, ook al refereer je daaraan op de juiste manier. Wanneer je ideeën van een ander gebruikt, moet je deze namelijk in eigen woorden weergeven, ofwel *parafraseren*. Een parafrase is een eigen weergave van essentiële informatie of ideeën van iemand anders, die je in een nieuwe vorm presenteert. Veel studenten vinden het moeilijk andermans ideeën te parafraseren en maken vaak de fout te veel tekst letterlijk over te nemen.

Ter illustratie volgt een voorbeeld van een stukje tekst dat geparafraseerd wordt. In de eerste versie is te veel tekst van de oorspronkelijke passage gebruikt, waardoor er eigenlijk sprake is van plagiaat. In de tweede versie is de parafrase geslaagd.

Originele passage van Lester (1976)
'Studenten nemen vaak te veel tekst letterlijk over wanneer ze uittreksels maken. Bij het maken van verslagen zie je dit terug door een overdadig gebruik van citaten. Daarom moet je erop letten dat je bij het maken van uittreksels zo min mogelijk exacte transcripten gebruikt.'

Eerste versie: plagiaat
'Studenten nemen dikwijls te veel tekst letterlijk over wanneer ze uittreksels maken. Wanneer ze papers schrijven, zie je dit terug doordat ze te veel citaten gebruiken. Daarom moet je oppassen dat je bij het maken van uittreksels zo weinig mogelijk exacte transcripten gebruikt (Lester, 1976).'

Tweede versie: legitieme parafrase
'Bij het schrijven van een werkstuk slagen studenten er vaak niet in om de hoeveelheid citaten te beperken. Dit probleem komt voort uit de manier waarop ze uittreksels maken; ze schrijven de tekst vaak letterlijk over. Het is daarom aan te raden dat je bij het maken van uittreksels zo weinig mogelijk tekst kopieert (Lester, 1976).'

Hoe maak je nu een goede parafrase? Allereerst moet je de originele passage herlezen totdat je deze volledig begrijpt. Daarna kun je het beste de originele tekst wegleggen. Probeer nu de informatie *in eigen woorden* weer te geven. Vervolgens moet je goed bedenken hoe deze informatie in je eigen verhaal past. Controleer of je eigen weergave alle essentiële informatie uit de originele tekst bevat. Wanneer je bepaalde termen of woorden hebt overgenomen, moet je kijken of je deze alsnog kunt parafraseren. Lukt dat niet, dan moet je aanhalingstekens gebruiken om aan te geven dat je deze letterlijk hebt overgenomen. Vergeet niet om een referentie te plaatsen aan het einde van de parafrase.

Vuistregel 3
Neem tekst van anderen niet letterlijk over, maar maak goede parafrases die alle essentiële informatie van de oorspronkelijke bron bevatten.

Oefening 11
Meestal gebruik je Engelse literatuur voor een verslag. Vaak denken studenten dat een vertaling van zinnen al een parafrase is. Dat is zeker niet het geval! Ook voor Engelse bronnen geldt dat je de inhoud in je eigen woorden moet weergeven.

Vuistregel 4
Zorg ook bij Engelse bronnen dat je een goede parafrase maakt.

Oefening 12
Een Engelse tekst die slecht geparafraseerd is, valt op. Als eerste zie je dat aan de zinsconstructies die 'Engels' overkomen. Vergelijk 1 maar eens met 2.

1. Wanneer gevraagd wordt om een paar vragen te beantwoorden, laten subjecten de tendentie zien zich te conformeren aan de experimentatoren.

2. Proefpersonen hebben de neiging zich te conformeren aan de proefleiding wanneer hun gevraagd wordt een paar vragen te beantwoorden.

Beide zijn taalkundig correct, maar bij de eerste zin druipt het ervan af dat hij letterlijk uit het Engels vertaald is (oorspronkelijke zin: *When asked to answer a few questions, subjects show the tendency to conform to the experimenters*). Je kunt vaak ook aan het woordgebruik zien dat een tekst uit een Engelse bron afkomstig is. Er wordt dan meer gebruikgemaakt van 'intellectuele' woorden en leenwoorden. Intellectuele woorden zijn ingewikkelde woorden waar ook een meer gangbare variant voor bestaat. Bijvoorbeeld 'een generaal model' in plaats van 'een algemeen model' of zoals in voorbeeld 1 'subjecten' in plaats van 'proefpersonen'. Leenwoorden zijn woorden die officieel uit een andere taal komen. Voorbeelden hiervan zijn 'commitment' in plaats van 'betrokkenheid' en 'level' in plaats van 'niveau'.

Vuistregel 5
Vermijd onnodig gebruik van intellectuele woorden of leenwoorden.

Oefening 13
Oefening 14

Citeren
Wat kun je doen als een auteur iets heeft geschreven wat je zo goed verwoord vindt, dat je het letterlijk zou willen overnemen? In zo'n geval kun je de schrijver citeren. Hiervoor gelden ook weer speciale APA-referentieregels.

> **Citeren**
>
> 1) Citaat met referentie tussen haakjes
>   "..." (Auteur, jaartal, p. x). Let op: dubbele aanhalingstekens
> 2) Citaat met auteur in de tekst
>   Auteur (jaartal) ontdekte dat "..." (p. x).

Een voorbeeld:
"Het placebo-effect verdwijnt wanneer het gedrag anders bestudeerd wordt." (Miele, 1993, p. 276).

Bij citeren is het erg belangrijk dat je de zinnen exact overneemt zoals ze in de oorspronkelijke bron staan. Elke kleine afwijking van de oorspronkelijke bron moet worden aangegeven. Daar gaan we nu niet verder op in, maar de nieuwsgierige lezers kunnen in de *Publication Manual* van de APA kijken, onder *Quotations*.

Oefening 15

Gebruik van citaten

Over het algemeen moet je proberen heel spaarzaam te zijn met citeren. Zoals in de inleiding al is beschreven, kun je citaten het beste alleen gebruiken wanneer de oorspronkelijke tekst een gedachte, inzicht of redenering zo bijzonder verwoordt dat een parafrase er afbreuk aan zou doen. Te veel citaten wekken tevens de indruk dat je de tekst zelf niet goed begrepen hebt (anders had je wel een parafrase gemaakt). Daarbij moet je ook nooit clichés of algemeen bekende waarheden gaan citeren. Wil je wel een citaat gebruiken, zorg er dan voor dat de relevantie van het citaat duidelijk wordt door de tekst eromheen. De context waaruit het citaat komt, moet verband houden met je eigen tekst.

Vuistregel 6
Gebruik alleen citaten wanneer deze echt iets toevoegen.

Oefening 16

Kennistest vraag 1 t/m 7

Schrijf-ViP

Deze schrijf-ViP geeft slechts weer hoe je refereert aan een beperkt type bronnen. Naast de notaties die je net geleerd hebt, zijn er nog vele andere typen bronnen waarnaar je kunt verwijzen. Denk bijvoorbeeld aan afstudeerscripties, proefschriften, krantenartikelen, bijdragen aan symposia, briefwisselingen, nog niet gepubliceerde artikelen, radioprogramma's of televisiedocumentaires. Hoe je hiernaar kunt verwijzen, staat uitgelegd in de *Publication Manual* van de APA, in het hoofdstuk *Reference list*
(http://www.apastyle.org).

Overzicht van de vuistregels van ViP-5: Refereren, parafraseren en citeren

1. Geef zo vroeg mogelijk aan wanneer je een publicatie van iemand anders aanhaalt.
2. Refereer niet te vaak en niet te weinig.
3. Neem tekst van anderen niet letterlijk over, maar maak goede parafrases die alle essentiële informatie van de oorspronkelijke bron bevatten.
4. Zorg ook bij Engelse bronnen dat je een goede parafrase maakt.
5. Vermijd onnodig gebruik van intellectuele woorden of leenwoorden.
6. Gebruik alleen citaten wanneer deze echt iets toevoegen.

Overzicht referentieregels

Boek
Auteur, A. A., Auteur, B. B., & Auteur, C. C. (Publicatiejaar). *Boektitel*. Plaats, Land of (in het geval van een plaats in de VS) Staat: Uitgever.

Hoofdstuk in een verzamelbundel
Auteur, A. A., & Auteur, B. B. (Publicatiejaar). Hoofdstuktitel. In C. C. Redacteur(en) (Ed. of Eds.), *Boektitel* (pp. x-x). Plaats, Land of (in het geval van een plaats in de VS) Staat: Uitgever.

Artikel in een tijdschrift
Auteur, A. A., Auteur, B. B., & Auteur, C. C. (Publicatiejaar). Titel van het artikel. *Tijdschrift, jaargangnummer*(eventueel issuenummer), x-x.

Artikel uit een elektronisch tijdschrift met DOI
Auteur, A. A., Auteur, B. B., & Auteur, C. C. (Publicatiejaar). Titel van het artikel. *Tijdschrift, jaargangnummer*(eventueel issuenummer), x-x. doi:xxxxxxxxxxxxxx

Artikel uit een elektronisch tijdschrift zonder DOI
Auteur, A. A., Auteur, B. B., & Auteur, C. C. (Publicatiejaar). Titel van het artikel. *Tijdschrift, jaargangnummer*(eventueel issuenummer), x-x. Verkregen van URL

Document van internet
Auteur, A. A., Auteur, B. B., & Auteur, C. C. of Organisatie D. (Publicatiejaar). *Titel van het document*. Verkregen van URL

Volgorde van referenties in referentielijst
De referenties staan op alfabetische volgorde van de namen van de auteurs.

Enkele auteur gaat voor meerdere auteurs wanneer de referenties dezelfde eerste auteur hebben (de 'niets gaat voor iets'-regel).
Bij precies dezelfde namen orden je op publicatiejaar.

Lay-out van de referentielijst
Onderscheid je referenties door in te springen; gebruik geen bullets of nummering. Laat de referentie gewoon links uitgelijnd beginnen; de volgende regel van de referentie laat je inspringen (drie posities).

Refereren in de tekst
1. Auteur expliciet noemen:
   'Auteur (jaartal) beschrijft ...' of '... van Auteur (jaartal)'
2. Referentie tussen haakjes:
   '... (Auteur, jaartal)'
3. Auteur en jaartal expliciet noemen (afgeraden: niet gebruikelijk):
   'In jaartal beschreef Auteur ...'

Refereren aan twee auteurs
'Auteur 1 en Auteur 2 (jaartal) ...' of '... (Auteur 1 & Auteur 2, jaartal)'

Refereren aan meer dan twee auteurs
Eerste vermelding:
'Auteur 1, Auteur 2 en Auteur 3 (jaartal)...' of '... (Auteur 1, Auteur 2, & Auteur 3, jaartal)'

Na de eerste vermelding:
'Auteur 1 et al. (jaartal) ...' of '... (Auteur 1 et al., jaartal)'

Refereren aan meerdere werken van verschillende auteurs
(Auteur(s) bron 1, jaartal bron 1; Auteur(s) bron 2, jaartal bron 2)

Refereren aan meerdere werken van dezelfde auteur(s)
(Auteur(s), jaartal bron 1, jaartal bron 2)

Refereren aan meerdere werken van dezelfde auteur(s) uit hetzelfde jaar
(Auteur(s), jaartal bron 1 a, jaartal bron 2 b)

Citeren
1. Citaat met referentie tussen haakjes
   "..." (Auteur, jaartal, p. x).
2. Citaat met auteur in de tekst
   Auteur (jaartal) ontdekte dat "..." (p. x)

ViP-6: Argumentatie

Inleiding

Helder schrijven is helder denken. Wanneer je een artikel schrijft, is het belangrijk dat je een goed beeld hebt van de stand van zaken. Dit bereik je door kritisch te lezen en verschillende perspectieven te beschouwen. De kunst van goed schrijven is je gedachten helder te krijgen en deze onderbouwd op te schrijven. In een wetenschappelijk review-artikel ga je op kritische wijze in op verschillende perspectieven, theorieën en onderbouwingen die een antwoord vormen op je centrale vraag.

Om de lezer te overtuigen van een bewering moet je kunnen uitleggen waarom bepaalde zaken belangrijk zijn, waarom een experiment ondersteuning levert voor een theorie, waarom je kunt zeggen dat A tot B leidt of waarom theorie X en theorie Y elkaar tegenspreken. Om dit soort zaken duidelijk te kunnen uitleggen, moet je goed kunnen argumenteren. Een goede inhoud, ordening en presentatie van argumenten dragen bij aan de geloofwaardigheid van jouw uiteenzetting. Daarom wordt in deze ViP aandacht besteed aan argumentatie.

In deel 1 gaan we in op het voorbereidende denkwerk voor een wetenschappelijk review-artikel. In deel 2 worden verschillende vormen van argumentatie besproken en komen fouten aan bod die gemaakt kunnen worden bij het argumenteren. In deel 3 komen de kenmerken van wetenschappelijke argumentatie aan de orde. Tot slot wordt in deel 4 nog eens ingegaan op refereren. Referenties zijn niet alleen belangrijk om plagiaat te voorkomen, ze vormen ook een manier om je argumenten te staven.

Deel 1: Voorbereidend denkwerk voor je artikel

De centrale vraagstelling is het uitgangspunt van je artikel. In schrijf-ViP 1 (Algemene structuur) is reeds behandeld wat de kenmerken van een goede vraagstelling zijn. De vraag moet specifiek genoeg zijn, zodat het onderwerp goed afgebakend is. Daarbij moet de vraag open geformuleerd zijn.

Om de centrale vraag goed te beantwoorden zal er in je artikel steeds een afweging moeten plaatsvinden tussen opvattingen van verschillende wetenschappers over jouw onderwerp. Als je van tevoren goede argumenten in je hoofd hebt, is het opschrijven ervan gemakkelijker. Je moet weten naar welke conclusie je in je artikel wilt toewerken en ook bedenken hoe je die gaat onderbouwen.

Hoe ga je de lezer overtuigen?

> Voorbeeld:
> Stel dat je geïnteresseerd bent in de gedragsstoornis Attention Deficit Hyperactivity Disorder (ADHD).
> Bedenk wat je hierover interessant vindt, of welke vragen je hier zelf over hebt, bijvoorbeeld het onderwerp medicatie.
> - *Wat* ga je hierover uitwerken?
>
> Je bedenkt als vraagstelling: Wat is de invloed van Ritalin op de symptomen van ADHD?
> - Vraag je af *hoe* je je onderzoek gaat onderbouwen; zoek artikelen met verschillende bevindingen.
>
> *Bevinding A:* In onderzoek A werd gevonden dat Ritalin een positieve werking heeft op symptoom x.
> *Bevinding B:* In onderzoek B naar de werking van Ritalin op symptoom x werd gevonden dat de effecten alleen bij jongens optraden.
> *Bevinding C:* Enzovoort.
>
> Zodra je genoeg informatie hierover hebt verzameld, kun je nagaan wat de invloed van Ritalin op de symptomen van ADHD volgens jou is en of je hier een artikel over kunt schrijven. Je zou aan de hand van bevindingen bijvoorbeeld kunnen concluderen dat Ritalin in de meeste gevallen niet helpt tegen de symptomen van ADHD. Deze stelling ga je vervolgens in het artikel onderbouwen.

Vuistregel 1
Overweeg bij het formuleren van je vraagstelling naar welke conclusie je gaat toewerken en hoe je die gaat beargumenteren.

Oefening 1
Oefening 2
Oefening 3

Deel 2: Argumentatievormen

Het artikel dat je gaat schrijven, moet geen droge opsomming van feiten over het onderwerp worden; het moet wetenschappelijk kritisch worden. Je moet de lezer overtuigen van de conclusie die je trekt aan de hand van een kritische beschouwing van de literatuur. Hoe duidelijker je argumenteert, hoe groter je overredingskracht zal zijn. Dit deel gaat in op verschillende typen argumenten, de formulering van argumenten en de redeneerfouten die je kunt maken.

Vormen van argumentatie

We onderscheiden hier vier vormen van argumentatie. Kennis van deze argumentatievormen kan je helpen de argumenten in je artikel beter te ordenen, waardoor je de lezer makkelijker kunt overtuigen.

- *Enkelvoudige argumentatie*
  Bij enkelvoudige argumentatie wordt een standpunt door één hoofdargument ondersteund.

  Voorbeeld:
  Het aantal mensen met diabetes zal toenemen omdat steeds meer mensen last hebben van overgewicht.

- *Meervoudige argumentatie*
  Bij meervoudige argumentatie wordt het standpunt door verschillende hoofdargumenten ondersteund. Dit is een sterkere manier van argumenteren dan de enkelvoudige argumentatie.

  Voorbeeld:
  Het schrijven van een kritisch paper is een goede oefening voor studenten in schrijfvaardigheid, omdat studenten op die manier kritisch artikelen leren lezen en omdat het een goede voorbereiding is op het schrijven van een bachelorscriptie.

3 - *Nevenschikkende argumentatie*
Bij een nevenschikkende argumentatie ondersteunen alle argumenten naast elkaar het standpunt. Dus alleen als de argumenten samen opgaan, klopt de redenering.

Voorbeeld:
Ik heb mijn studiepunten voor het schrijfonderwijs gehaald, want ik heb een voldoende behaald en ik heb aan mijn aanwezigheidsverplichting voldaan.

4 - *Onderschikkende argumentatie*
Als er sprake is van onderschikkende argumentatie wil dat zeggen dat een hoofdargument ondersteund wordt door subargumenten, omdat het hoofdargument op zichzelf te zwak is of om meer uitleg vraagt.

Voorbeeld:
Psychologie is een relatief jonge wetenschap, want zij bestaat pas vanaf 1875, toen Wilhelm Wundt en William James psychologische fenomenen in laboratoria gingen onderzoeken. Andere wetenschappen, zoals natuurkunde en wiskunde, bestaan al enkele honderden jaren. (Dit laatste argument is een subargument om het eerder genoemde hoofdargument kracht bij te zetten.)

Vuistregel 2
Orden je argumenten door middel van enkelvoudige, meervoudige, nevenschikkende of onderschikkende argumentatie.

Oefening 4

Argumentatieschema's
Hier worden een paar belangrijke argumentatieschema's besproken om te laten zien dat argumenten op verschillende manieren in verband kunnen staan met een bewering.

1 - *Argumentatieschema op basis van eigenschap*

Voorbeeld:
Marie heeft een afasie in Broca's gebied want ze begrijpt taal wel, maar kan niet spreken.

Je beargumenteert de bewering door een kenmerkende eigenschap voor die bewering te noemen. In dit geval is 'begrijpt taal wel, maar kan niet spreken' een eigenschap van afasie in Broca's gebied. Dus wanneer Marie deze eigenschap bezit, is dat een argument om te zeggen dat zij afasie in Broca's gebied heeft.

- *Argumentatieschema op basis van vergelijking*

    Voorbeeld:
    Moordenaars zouden anti-moordlessen moeten krijgen om zich bewust te worden van het gevolg van de daad; dit werkt namelijk ook bij pesten.

Als een verband tussen bewering en argument op basis van vergelijking is geformuleerd, wordt een vergelijkbaar fenomeen (hier: pesten) in een argument gebruikt om zo de bewering te versterken.

- *Verklaringsargumentatie*

    Voorbeeld:
    De jonge eenden zullen de etholoog Konrad Lorenz voortdurend volgen; ze zijn immers in de eerste twaalf uur van hun leven aan hem gehecht geraakt.

Een bewering kan ook worden ondersteund door een verklaringsargumentatie. Hierbij beschouw je een standpunt als een gevolg van het argument. Het argument ('ze zijn immers in de eerste twaalf uur van hun leven aan hem gehecht geraakt') is dus te beschouwen als de oorzaak van de eerste bewering ('De jonge eenden zullen de etholoog Konrad Lorenz voortdurend volgen').

- *Pragmatische argumentatie*

    Voorbeeld:
    Er zou meer onderzoek moeten worden gedaan naar de invloed van frequent marihuanagebruik op cognitief functioneren. Voor mensen die veel marihuana roken, zou het een voordeel zijn als ze wat meer over de gevolgen van het frequent gebruik van marihuana zouden weten.

Bij pragmatische argumentatie wordt in het argument een voordelig of een nadelig gevolg van het standpunt aangedragen als onderbouwing. Dit argumentatieschema gebruik je vooral als de bewering 'sturend' is. In het argument wordt verteld of het gevolg wenselijk is of onwenselijk.

Vuistregel 3
Gebruik argumentatieschema's om het verband tussen een bewering en argumenten te ordenen.

Oefening 5

Signaalwoorden

Signaalwoorden worden gebruikt om het verband tussen tekstelementen te verduidelijken. Je hebt onder andere signaalwoorden voor opsommingen, tegenstellingen en vergelijkingen. Om argumenten in te leiden kun je ook signaalwoorden gebruiken. Door deze woorden te gebruiken is het voor de lezer duidelijk dat je een argument aandraagt.

Voorbeelden van signaalwoorden voor argumentatie:

Omdat ...	Immers ...	Gezien ...	Derhalve ...
Vanwege ...	Hiervoor pleit ...	Aangezien ...	Klaarblijkelijk ...
Namelijk ...	Want ...	Blijkbaar ...	Hierom ...

Naast het gebruiken van signaalwoorden kun je ook expliciet zeggen dat er een argument volgt. Dit doe je bijvoorbeeld als volgt:
'Een argument hiervoor is ...'
'Een volgend argument is ...'
'Hiervoor zijn twee redenen te noemen ...'

> Voorbeeld:
> In dit voorbeeld wordt aan de hand van tekst 1 (zonder signaalwoorden) en tekst 2 (met signaalwoorden) duidelijk gemaakt wat het belang is van signaalwoorden.
>
> 1. De tijd tikt door; het geheugen speelt een grote rol in het leven. Elke actie op een bepaald moment berust op informatie die herinnerd wordt van een ander moment. Onze

complexe omgeving bestaat uit ontelbare stimuli die onthouden moeten worden. Het geheugen heeft een omvangrijke functie die niet weg te denken is.

2. Aangezien de tijd doortikt, speelt het geheugen een grote rol in ons dagelijks leven. Elke actie op een bepaald moment berust namelijk op informatie die herinnerd wordt van een ander moment. Gezien onze complexe omgeving – die bestaat immers uit ontelbare stimuli die onthouden moeten worden – heeft het geheugen een omvangrijke functie die niet weg te denken is.

Zoals je wel merkt, is tekst 2 een stuk beter te lezen; de signaalwoorden zorgen ervoor dat het duidelijk is wat voor verband er bestaat tussen de argumenten, waardoor de lezer dit niet zelf hoeft te bedenken. Ze vormen de 'smeer' in de tekst.

Vuistregel 4
Gebruik signaalwoorden om je argumenten in te leiden.

Oefening 6
Oefening 7

Redeneerfouten: drogredenen
Volgens Aristoteles bestaat er geen argumentatie die altijd geldig is; afhankelijk van het doel en het publiek is een argumentatie correct. Aristoteles kwam als eerste met de 'drogreden'. Drogredenen zijn fouten die gemaakt worden bij het argumenteren. Hieronder zullen we een paar fouten noemen.

- *Ontduiken van bewijslast*
  Door een bepaalde manier van formuleren van een argument kun je ervoor zorgen dat de lezer moeilijk tegen jouw bewering in kan gaan. Dit klinkt erg aantrekkelijk, maar dit is niet de juiste manier om je bewering te verdedigen. Voorbeelden van die manier van formuleren zijn: 'Een weldenkend mens zal niet ontkennen dat ...' of 'Iedereen weet dat ...' Deze manier van onderbouwen is te suggestief en daarom onwetenschappelijk.

2 - *Cirkelredenering*
Zorg ervoor dat je geen cirkelredeneringen in je artikel hanteert. In een cirkelredenering zijn standpunt en argument hetzelfde. Het standpunt wordt herhaald om het standpunt te onderbouwen. Voorbeeld van een cirkelredenering:

'Kinderen die ADHD hebben zijn overactief (bewering). Deze kinderen bewegen veel, dus zijn ze overactief (argumentatie).'

3 - *Argumentum ad verecundiam*
Dit wordt ook wel 'autoriteitsargument' genoemd. Dit is een argument dat een beroep doet op respect; er is sprake van te veel vertrouwen in een autoriteit. Bij deze vorm van argumentatie wordt ervan uitgegaan dat als de autoriteit of deskundige het zegt, het waar is. Hier moet je vooral voor uitkijken als je zelf literatuur leest. Vraag je af welke autoriteit het is, en of deze voldoende deskundig is op het gebied waarover geschreven wordt. Gebruik de faam van een persoon, hoe 'deskundig' ook, echter nooit in plaats van argumentatie. Doe je dat toch, dan bezondig je je aan een autoriteitsargument.

4 - *Argument uit traditie*
In dit geval wordt gewoonte of traditie aangedragen als verdediging. Een voorbeeld hiervan: 'Dyslexie bestaat niet, vroeger was niemand dyslectisch.' Dit is duidelijk een drogreden; het is geen geldig bewijs voor de bewering.

Vuistregel 5
Gebruik geen drogredenen als argumentatie.

Oefening 8

Er zijn nog meer typen drogredenen dan we hier genoemd hebben. Een bekend voorbeeld van het gebruik van een drogreden komt van oud-politicus Marcel van Dam.

'Eind jaren tachtig vraagt Van Dam een CDA-politicus of zijn standpunt nog wel in het kabinet past. "Jazeker. Mijn standpunt past binnen het CDA, het CDA binnen het kabinet, dus mijn standpunt past binnen het kabinet", antwoordt de

CDA-minister. "Zo lust ik er nog wel een", reageert Van Dam. "Ik pas in mijn jas, mijn jas past in mijn tas, dus ik pas in mijn tas!"'

Bron: http://members.lycos.nl/richieboy/diri_cur.html

Ook wanneer je goede argumentatievormen en schema's gebruikt, kun je nog fouten maken. Inhoudelijk moeten je argumenten namelijk ook kloppen. Gevolgtrekkingen moeten logisch zijn en de formulering van argumenten moet duidelijk zijn. Onderstaand voorbeeld van een onjuiste gevolgtrekking komt van de Belgische cabaretier Urbanus:

> De meester vertelt dat één op de vijf mensen Chinees is, waarop Urbanus zegt: 'Da's niet waar meester. Wij zijn thuis met zijn vijven en er is niet één Chineesje bij.'

Vuistregel 6
Formuleer je argumenten helder en controleer bij elk argument of het werkelijk je standpunt ondersteunt.

Oefening 9

Deel 3: Wetenschappelijke argumentatie

Wetenschappelijke argumentatie is heel anders dan de typische argumentatie die mensen in een debat aanvoeren. In een debat is het doel vaak om overtuigender te zijn dan de ander. Het doel van wetenschappelijke argumentatie is het verfijnen van wetenschappelijke ideeën om zo dicht mogelijk te komen tot het begrijpen van de realiteit.

In het proces van wetenschappelijk onderzoek doen wetenschappers uitspraken die zijn gebaseerd op empirisch bewijs. Om andere wetenschappers te overtuigen van hun uitspraken is het van belang dat ze duidelijk maken dat het empirisch bewijs dat ze hebben gevonden, relevant is voor de uitspraak die ze doen. Ze moeten dus rechtvaardigen of verantwoorden hoe en waarom het bewijs de specifieke conclusie die ze trekken, onderbouwt. Ook wordt in de wetenschap ingegaan op weerleggingen. Wetenschappers plaatsen actief vraagtekens bij de methoden en bevindingen van hun eigen onderzoek en dat van anderen. Zij accepteren geen beweringen die niet goed worden onderbouwd of niet worden ondersteund met sterk bewijsmateriaal. Wetenschappers identificeren tekortkomingen en beperkingen in de eigen argumenten en die van anderen met als uiteindelijke doel het verfijnen en verbeteren van wetenschappelijke kennis.

Aandachtspunten bij het opbouwen van een argumentatie
Bij het beantwoorden van jouw centrale vraag is het van belang dat je een accurate weergave geeft van de literatuur en deze op heldere wijze in verband brengt met de vraag. Voordat je begint met schrijven, moet je al vrij helder voor ogen hebben naar welke conclusie je gaat toewerken. Wat wordt het antwoord op jouw centrale vraag? Dit antwoord op de centrale vraag moet je onderbouwen door de lezer duidelijk te maken hoe je daartoe bent gekomen. In je artikel gebruik je hiervoor wetenschappelijke data, maar het opsommen van deze data is niet voldoende. Je moet ook een heldere redenering uiteenzetten, waarin je duidelijk maakt hoe de bevindingen leiden tot een bepaalde conclusie. Hierbij is het ook van belang om een kritische blik te behouden om uiteindelijk tot een mogelijk nog meer genuanceerde conclusie te komen. In de sociale wetenschappen zijn conclusies bijna altijd voorlopig, omdat er vrijwel altijd beperkingen kleven aan het onderzoek dat is verricht. Daarom is het essentieel om die beperkingen te analyseren en te evalueren. De conclusie moet worden genuanceerd door de tekortkomingen en zwakheden in het empirische bewijs te bespreken. Hoe sterk het bewijsmateriaal is ter onderbouwing van een bepaalde conclusie, wordt bepaald door de methodologische nauwkeurigheid van de besproken studies, de hoeveelheid bewijsmateriaal en de consistentie daarin.

In je artikel som je dus niet alleen gegevens op, maar breng je die gegevens ook met elkaar in verband.

ViP-6: Argumentatie

Tip

Enkele tips bij het opbouwen van een argumentatie:
- Onderbouw argumenten door gebruik te maken van belangrijke theorieën en onderzoeksbevindingen.
- Includeer tegenstrijdige bevindingen. Argumenteren vanuit verschillende perspectieven leidt tot inzicht en nuancering.
- Zorg voor een heldere redenering waarbij je het bewijs koppelt aan de bewering/conclusie.
- Wees kritisch! Het vinden van zwakke punten in het bewijs of de redenering van anderen kan helpen bij het in kaart brengen van hiaten die door middel van nieuw onderzoek geanalyseerd moeten worden.

Vuistregel 7
Zet een heldere redenering uiteen waarbij je duidelijk maakt hoe de bevindingen leiden tot een bepaalde conclusie.

Vuistregel 8
Bespreek de bevindingen op kritische wijze om zo tot een nog meer genuanceerde conclusie te komen.

Oefening 10

Deel 4: Argumenten en referenties

Referenties plaatsen
In ViP-5 (Refereren, parafraseren en citeren) is besproken hoe je moet refereren volgens de richtlijnen van de American Psychological Association (APA). In deze ViP over argumenteren komen we hier nog even kort op terug.

Wanneer je argumenten aanvoert voor een standpunt, is het belangrijk om te laten zien waar je die informatie vandaan hebt. Niet alleen om plagiaat te voorkomen, maar ook om je argumenten kracht bij te zetten. Wanneer je kunt laten zien dat jouw argumenten gebaseerd zijn op goed wetenschappelijk onderzoek, zal de lezer niet snel gaan twijfelen over de waarde daarvan.

Een ander punt is dát je het argumentum ad verecundiam – een type drogreden zoals in deel 2 is besproken – moet vermijden. Hierbij gebruik je argumenten die een beroep doen op een vermeende autoriteit, zoals een niet-achterhaalbare autoriteit, een anonieme autoriteit of de eigen autoriteit ('neem maar van mij aan ...').Voor de lezer is het dan niet duidelijk of die autoriteit – ofwel de bron – betrouwbaar is. Vergelijk zin 1 en 2 maar eens met elkaar. Wat komt betrouwbaarder over?

1. Men heeft mij verteld dat Nederland betrokken is geweest bij terroristische aanslagen.
2. Uit een onderzoeksrapport van de AIVD blijkt dat Nederland betrokken is geweest bij terroristische aanslagen (AIVD, 2003).

Wanneer je een referentie opneemt, weet de lezer meteen wat of wie de bron is en of die betrouwbaar is. Bovendien kan hij het onderzoek dat gerapporteerd wordt in die bron controleren. Wanneer je alleen schrijft: 'Uit onderzoek is gebleken ...', zonder een referentie op te nemen, komt dat onbetrouwbaar over.

Vuistregel 9
Zorg dat de lezer weet waar jij je argumenten vandaan haalt, door referenties op te nemen.

Oefening 11

Wanneer er meerdere bronnen zijn die je argument ondersteunen, komt dat ook sterker over. In ViP-5 (Refereren, parafraseren en citeren) heb je al geleerd hoe je moet refereren aan verschillende werken. Indien je argument door meer bronnen wordt ondersteund, kun je dit aangeven door na een argument verschillende referenties te noemen en deze te scheiden met een puntkomma. Daarbij laat je zien dat je uiteenlopende literatuur hebt gelezen en je niet hebt beperkt tot één enkele bron. Zo komt je standpunt meer gewogen over.

Verwijzen naar meerdere bronnen:
(Auteur 1, jaartal 1; Auteur 2 & Auteur 3, jaartal 2).

Een andere manier is om een van de bronnen te noemen als voorbeeld. Je gebruikt dan de afkorting e.g. (Latijn: *exempli gratia*, wat 'bijvoorbeeld' betekent).

> 'Verschillende onderzoeken hebben aangetoond dat [...] (e.g., Auteur, jaartal).'

Wanneer je in één keer verschillende referenties noemt, zet je deze op alfabetische volgorde. Je wijkt af van deze regel wanneer er een publicatie is die duidelijk de belangrijkste is (bijvoorbeeld doordat die onderzoekers het eerst een nieuw fenomeen beschreven). De belangrijkste verwijzing noem je dan als eerste, de overige referenties zet je na de woorden 'zie ook'.

Voorbeeld:
[...] (Jansen, 1990; Willemsen, 1989).

Stel dat Willemsen een belangrijker publicatie heeft geschreven, omdat hij als eerste iets heeft aangetoond, dan kun je als volgt refereren:

[...] (Willemsen, 1989; zie ook Jansen, 1990).

Verschillende referenties plaatsen

Verwijzing naar meerdere bronnen door puntkomma tussen de referenties:
(Auteur 1, jaartal 1; Auteur 2, jaartal 2; Auteur 3, jaartal 3)

Plaats de verwijzingen op alfabetische volgorde.
Uitzondering bij duidelijk één belangrijkste bron:
(Auteur 3, jaartal 3; zie ook Auteur 1, jaartal 1; Auteur 2, jaartal 2)

Je kunt ook een bron als voorbeeld noemen (exempli gratia):
(e.g., Auteur 1, jaartal 1)

Oefening 12

Parafraseren

Wanneer je informatie uit andermans werk gebruikt, is het belangrijk dat je een goede parafrase geeft. Zoals in ViP-5 al besproken is, is het gebruik van citaten alleen toegestaan wanneer een parafrase afbreuk zou doen aan de oorspronkelijke boodschap. Vaak is het goed mogelijk in je eigen woorden weer te geven wat een ander gezegd heeft. Je moet er echter wel voor waken dat je geen relevante informatie overslaat. Het kan namelijk zijn dat er een verdraaid beeld van de werkelijkheid ontstaat wanneer je bepaalde onderzoeksresultaten of theorieën slechts gedeeltelijk beschrijft.

Stel dat je een artikel leest over de effectiviteit van sociale vaardigheidstrainingen voor jongeren. In dit artikel wordt beschreven dat de effectiviteit van deze trainingen te wensen overlaat. Wanneer je vervolgens in je eigen tekst de volgende informatie opneemt: 'De effectiviteit van sociale vaardigheidstrainingen is matig (Bijstra & Nienhuis, 2003)', dan bega je een fout. Je gaat namelijk voorbij aan het feit dat het artikel alleen wat zegt over de effectiviteit van deze trainingen bij jongeren. Deze trainingen zijn wel effectief bij volwassenen. Wanneer je zulke informatie achterwege laat, verdraai je de werkelijkheid. Hierop zul je zeker kritiek krijgen van je vakgenoten. Vermeld dus mogelijke beperkingen van de uitkomsten van het onderzoek dat je hebt gevonden.

Vuistregel 10
Laat in een parafrase geen belangrijke informatie achterwege en laat weten van wie de informatie afkomstig is door te refereren.

Oefening 13

Kennistest vraag 1 t/m 8

Overzicht van de vuistregels van ViP-6: Argumentatie

1. Overweeg bij het formuleren van je vraagstelling naar welke conclusie je gaat toewerken en hoe je die gaat beargumenteren.
2. Orden je argumenten door middel van enkelvoudige, meervoudige, nevenschikkende of onderschikkende argumentatie.
3. Gebruik argumentatieschema's om het verband tussen een bewering en argumenten te ordenen.
4. Gebruik signaalwoorden om je argumenten in te leiden.
5. Gebruik geen drogredenen als argumentatie.
6. Formuleer je argumenten helder en controleer bij ieder argument of het werkelijk je standpunt ondersteunt.
7. Zet een heldere redenering uiteen waarbij je duidelijk maakt hoe de bevindingen leiden tot een bepaalde conclusie.
8. Bespreek de bevindingen op kritische wijze om zo tot een nog meer genuanceerde conclusie te komen.
9. Zorg dat de lezer weet waar jij je argumenten vandaan haalt, door referenties op te nemen.
10. Laat in een parafrase geen belangrijke informatie achterwege en laat weten van wie de informatie afkomstig is door te refereren.

ViP-7: Cohesie en zinsconstructies

Inleiding

In deze schrijf-ViP staan cohesie en zinsconstructies centraal. Deel 1 gaat in op cohesie, waarmee de samenhang in een tekst wordt bedoeld. De cohesie wordt groter als de verbanden tussen zinnen en verwijswoorden eenduidig en correct zijn. De lezer moet nieuwe informatie kunnen koppelen aan eerder genoemde elementen, zodat de samenhang tussen de elementen in de tekst goed te volgen is. Hoe groter de cohesie van je tekst, hoe prettiger die tekst te lezen is.

Je kunt de leesbaarheid van je tekst ook verbeteren door goed te letten op je zinsconstructies. Vaak merk je zelf wel dat een zin niet loopt of dat de informatie in een zin niet duidelijk wordt overgebracht. Soms zit je echter zo diep in je eigen verhaal, dat je niet meer merkt dat je zinsconstructies minder helder zijn. In deel 2 van deze ViP wordt behandeld hoe bepaalde zinsconstructies de leesbaarheid van je tekst beïnvloeden.

Deel 1: Cohesie in een tekst

Cohesie, ofwel samenhang in je tekst, kun je bereiken door elke nieuwe zin een duidelijke aansluiting te geven op de vorige zin of op een element dat al eerder elders in de tekst genoemd is. De interpretatie van de informatie in een bepaalde zin wordt namelijk 'gestuurd' door informatie die in voorgaande zinnen aan de orde is gekomen. Neem bijvoorbeeld het zinnetje: 'In de verte stond een bank.' De interpretatie van dat zinnetje is afhankelijk van wat eraan voorafgaat. Vergelijk passage 1 en passage 2 maar eens met elkaar:

1. Ze had geld nodig. In de verte stond een bank.
2. Ze was moe van het wandelen. In de verte stond een bank.

De interpretatie van de tweede zin is afhankelijk van de informatie die daarvoor gegeven wordt. Je moet er als schrijver voor zorgen dat de lezer makkelijk verbanden kan leggen tussen de zinnen. Zo neem je de lezer mee in je verhaal. Je kunt voor cohesie zorgen door woorden te herhalen die verwijzen naar een al eerder genoemde persoon, zaak of toestand. Je kunt daarbij ook gebruikmaken van verwijswoorden of van synoniemen.

Eenduidig gebruik van verwijswoorden
Wanneer je een verwijswoord (die, deze, hiermee, daarmee enz.) gebruikt, moet het duidelijk zijn naar welk element het verwijst. Het woord of de woordgroep waarnaar je verwijst, wordt het antecedent genoemd. Antecedent betekent: 'dat wat eraan voorafgaat' (*ante* = voor; *cedere* = gaan; beide woorden komen uit het Latijn). Soms kan een verwijswoord op verschillende antecedenten terugslaan. Dit geeft verwarring, zoals je in de volgende zin kunt zien.

Het fractielid van GroenLinks haalde de politicus verbaal flink onderuit. *Hij* debatteerde die dag voor het eerst in de Tweede Kamer.

Hier is onduidelijk wie die 'Hij' is. Is 'Hij' het fractielid van GroenLinks of is 'Hij' de politicus die onderuitgehaald wordt?

Vuistregel 1
Zorg voor eenduidige verwijzingen die geen misverstanden kunnen oproepen.

Oefening 1

Afstand van het verwijswoord tot het antecedent
Naarmate de afstand tussen het antecedent en het verwijswoord groter is, wordt het moeilijker voor de lezer om het verband tussen die twee woorden te onthouden. Het is niet de bedoeling dat de lezer lang moet nadenken en terug moet zoeken in de tekst om te begrijpen waarop het verwijswoord betrekking heeft. Dit vermindert de leesbaarheid van een tekst. Vergelijk de volgende twee passages maar eens.

1. Objectpermanentie is hoofdzakelijk getest door te kijken of kinderen naar een verborgen object gingen zoeken nadat ze gezien hadden dat het verborgen werd. Maar voordat ze dat kunnen, moeten ze daar wel de motorische vaardigheden voor hebben ontwikkeld. Een kind dat dit nog niet heeft, zal het in deze experimentele opzet ook nooit kunnen aantonen.

2. Objectpermanentie is hoofdzakelijk getest door te kijken of kinderen naar een verborgen object gingen zoeken nadat ze gezien hadden dat het verborgen werd. Maar voordat kinderen kunnen zoeken, moeten ze daar wel de motorische vaardigheden voor hebben ontwikkeld. Een kind dat nog geen zoekacties kan uitvoeren, zal in deze experimentele opzet ook nooit kunnen laten zien dat het wel objectpermanentie bezit.

In de eerste passage zijn veel *verwijswoorden* gebruikt. Bovendien gebeurt dat soms op incorrecte wijze.

Objectpermanentie is hoofdzakelijk getest door te kijken of kinderen naar een verborgen object gingen zoeken nadat ze gezien hadden dat *het* verborgen werd. Maar voordat *ze* dat kunnen, moeten *ze daar* wel de motorische vaardigheden voor hebben ontwikkeld. Een kind dat *dit* nog niet heeft, zal *het* in *deze* experimentele opzet ook nooit kunnen aantonen.

De lezer moet in deze tekst veel verbanden onthouden, en daardoor wordt de tekst moeilijker te lezen. In bijvoorbeeld de laatste zin poogt de auteur met het woordje 'het' naar 'objectpermanentie' te verwijzen. De afstand tussen het verwijswoord en het antecedent is echter erg groot, waardoor de lezer waarschijnlijk moet gaan terugzoeken in de tekst. De tweede fout die deze auteur maakt, is het gebruik van het verwijswoord 'het'. Het is namelijk *de* objectpermanentie en het juiste verwijswoord is dan 'deze'.

In de tweede passage is het verband tussen elke zin duidelijk weergegeven doordat elke zin op correcte wijze terugverwijst naar een element uit de vorige zin. Daardoor is deze passage waarschijnlijk meteen goed te begrijpen door de lezer.

Vuistregel 2
Als een antecedent ver weg staat van het verwijswoord en het onduidelijk is of het verwijswoord er ook echt naar verwijst, herhaal dan het antecedent.

Een ander aandachtspunt bij verwijswoorden is dat je nooit naar een woord in een titel of kopje moet verwijzen, zoals in voorbeeld 3.

> 3. *Gedragstherapie*
> Deze therapievorm richt zich op [...].

In dit geval moet je het woord nog eens herhalen: 'Gedragstherapie richt zich op [...].'

Vuistregel 3
Verwijs nooit naar een woord in een titel of kopje, maar herhaal het woord in de zin.

Oefening 2
Oefening 3

Expliciete en impliciete verbanden in een tekst
Je kunt voor een goede samenhang zorgen door impliciete verbanden in je tekst expliciet te maken. Een impliciet verband is een verband dat je wel kunt opmaken uit de context, maar dat nergens letterlijk wordt beschreven. Een expliciet verband staat wel letterlijk in de tekst.

Ter illustratie volgt hier eerst een passage met een goede samenhang (met expliciete verbanden) en vervolgens een passage met een slechte samenhang (met impliciete verbanden):

1. Iedereen weet dat fruit gezond is. Door voldoende fruit te eten krijg je de nodige vitamines en vezels binnen. Toch eet het gros van de mensen niet genoeg fruit. Dat blijkt uit een recent onderzoek van het gezondheidscentrum van de overheid. Om ervoor te zorgen dat mensen voldoende fruit gaan eten, wordt er een grote voorlichtingscampagne gestart met de slagzin 'Snoep verstandig, eet een appel'.

2. Iedereen weet dat fruit gezond is. Daardoor krijg je de nodige vitamines en vezels binnen. Toch eet het gros van de mensen er niet genoeg van. Dat blijkt uit een recent onderzoek van het gezondheidscentrum van de overheid. Daarom wordt er een campagne gestart met de slagzin 'Snoep verstandig, eet een appel'.

In de eerste passage zie je dat elke zin een element bevat dat voor aansluiting zorgt met de vorige zin of met een element dat al eerder in de tekst genoemd is:

> Iedereen weet dat *fruit* gezond is. Door voldoende *fruit te eten* krijg je de nodige vitamines en vezels binnen. Toch *eet* het gros van de mensen *niet genoeg fruit*. *Dat* blijkt uit een recent onderzoek van het gezondheidscentrum van de overheid. Om ervoor te zorgen dat mensen *voldoende fruit gaan eten*, wordt er een grote voorlichtingscampagne gestart met de slagzin 'Snoep verstandig, eet een appel'.

De tweede passage bevat een aantal onduidelijke overgangen:

> Iedereen weet dat fruit gezond is. *Daardoor* krijg je de nodige vitamines en vezels binnen. Toch eet het gros van de mensen *er* niet genoeg van. Dat blijkt uit een recent onderzoek van het gezondheidscentrum van de overheid. *Daarom* wordt er een campagne gestart met de slagzin 'Snoep verstandig, eet een appel'.

'Daardoor' verwijst in de tweede zin naar 'het eten van fruit'. Dit wordt niet expliciet in de eerste zin genoemd. De lezer moet zelf uit de context afleiden dat het om het eten van fruit gaat. Datzelfde geldt voor 'er' in de derde zin. Verwijst dat naar 'fruit' of naar 'vitaminen en vezels'? Hetzelfde gebeurt in de laatste zin: 'Daarom' duidt op 'het feit dat het gros van de mensen niet genoeg fruit eet en dat dat moet veranderen'. Dit wordt ook niet expliciet in de tekst vermeld.

Nu hoef je in je tekst niet alles expliciet weer te geven; een tekst kan daardoor ook omslachtig worden. Maar hoe meer impliciete verbanden erin staan, hoe minder samenhangend de tekst is. Een tekst met weinig cohesie zal over het algemeen zijn communicatieve doel missen.

Vuistregel 4
Zorg ervoor dat er niet te veel impliciete verbanden in je tekst zitten.

 **Oefening 4**
Oefening 5

Correct gebruik van synoniemen

Synoniemen, verschillende woorden met dezelfde betekenis, worden vaak gebruikt wanneer een bepaald begrip herhaaldelijk in een tekst terugkomt. De schrijver gebruikt dan een synoniem om de tekst levendiger te maken. Voor sommige teksten is dit echter geen goede strategie. Zo kunnen vaktermen niet altijd worden vervangen door een synoniem. Juist bij vaktermen is het belangrijk dat het voor de lezer duidelijk is dat steeds naar hetzelfde concept verwezen wordt. Wanneer je wel een synoniem gebruikt, moet je erop letten dat dit synoniem de lading dekt van de term die het vervangt. Ook moet steeds duidelijk zijn dat met verschillende woorden naar hetzelfde concept verwezen wordt.

 Vuistregel 5
Gebruik alleen een synoniem wanneer dat synoniem dezelfde betekenis heeft en het duidelijk is dat naar hetzelfde concept verwezen wordt.

 Oefening 6
Oefening 7 -> niet gemaakt

Deel 2: Zinsconstructies

Sommige zinnen zijn lastiger te lezen dan andere. Maar welke zinnen 'lopen lekker' en welke niet? In de volgende onderdelen komen zinsconstructies aan bod die je beter niet kunt gebruiken.

De lengte van de zin

Ellenlange zinnen met veel bijzinnen die maar doorgaan en doorgaan, en verschillende onderwerpen tegelijk bevatten om allerlei nuances aan te brengen en bijzaken te bespreken, zijn veel lastiger te volgen dan zinnen met een normale lengte. De vorige zin is daar al een voorbeeld van. Aan de andere kant: een tekst met alleen maar korte zinnen leest ook niet fijn. Dat komt weinig wetenschappelijk en soms gehaast over. Dat is dus ook niet goed. Het is beter om korte en wat langere zinnen af te wisselen.

Vuistregel 6
Varieer in de lengte van je zinnen: beperk het aantal bijzinnen in één zin en maak niet te veel korte zinnen.

Oefening 8

Naamwoordconstructies
De verzelfstandiging van werkwoorden tot zelfstandige naamwoorden heet een naamwoordconstructie. De meest voorkomende, maar minst wenselijke variant is dat je van een werkwoord een zelfstandig naamwoord maakt door er 'het' voor te zetten; daarna volgt een voorzetsel. Bijvoorbeeld: *Het gebruiken van* veel verschillende medicijnen leidt vaak tot complicaties.
Door naamwoordconstructies te gebruiken maak je je zinnen langer, abstract en afstandelijk. Daarom zijn zinnen met deze constructies lastig te lezen. Vergelijk de volgende twee zinnen:

1. Het ontbreken van de gevraagde gegevens leidt ertoe dat we uw sollicitatiebrief niet in behandeling kunnen nemen.
2. De gevraagde gegevens ontbreken. Daarom kunnen we uw sollicitatiebrief niet behandelen.

De eenvoudigste manier om naamwoordconstructies te vermijden is het werkwoord weer als werkwoordsvorm te gebruiken. Naamwoordconstructies zijn overigens niet altijd fout. Ze zijn nuttig als je in het midden wilt laten wie de handeling uitvoert.

Nog een voorbeeld:
1. Bij *het zien* van een misdrijf heeft ieder mens naar mijn mening de verplichting hiervan melding te doen bij de politie.
2. Wanneer je een misdrijf ziet, vind ik dat je verplicht bent dit te melden bij de politie.

Vuistregel 7
Vermijd in je tekst zoveel mogelijk naamwoordconstructies.

Oefening 9
Oefening 10

Passieve vorm
Je kunt actieve of passieve werkwoordsvormen gebruiken. Deze worden ook wel de bedrijvende en de lijdende vorm genoemd.

> Bijvoorbeeld:
> 1. 'Er is ontdekt door Jansen et al. (1984) dat ...' (passieve of lijdende vorm), of
> 2. 'Jansen et al. (1984) ontdekten dat ...' (actieve of bedrijvende vorm).

Wanneer je de passieve vorm veel gebruikt, wordt de tekst moeilijker te lezen. Een passieve vorm kan handig zijn als je de handelende instantie buiten beschouwing wilt laten. Bijvoorbeeld in de zin: 'Er is vastgesteld dat 1% van de criminelen van Britse afkomst is.' Hier weet je niet wie dit heeft vastgesteld. Dit soort zinsconstructies vind je vaak terug in ambtelijke taal. Het is ook zeker niet verboden de passieve vorm te gebruiken, maar let erop dat deze niet te vaak voorkomt.

Vuistregel 8
Gebruik in je tekst niet te vaak de passieve vorm.

Oefening 11

Omslachtige formuleringen
Omslachtige formuleringen zijn formuleringen die de informatie in de zin onnodig ingewikkeld maken. Een zin kan om verschillende redenen omslachtig geformuleerd zijn, bijvoorbeeld door een naamwoordconstructie en een passieve vorm samen in één zin te gebruiken. Het gebruik van een dubbele ontkenning is ook omslachtig.

Bijvoorbeeld:
1. Hij was van mening dat de verzekerde *geen* schade kon claimen waaraan *niet* tegemoetgekomen kon worden door de verzekeringsmaatschappij.

Beter is:
2. Hij vond dat de verzekerde alle schade kon claimen bij de verzekeringsmaatschappij.

Een andere vorm van een omslachtige formulering is een lange aanloop van een zin, een zogenaamde kopconstructie. Voorbeelden van kopconstructies zijn: 'Het is zo dat ...' of 'Het moet onwaarschijnlijk geacht worden dat ...'

Ook stoplappen zijn in een wetenschappelijke tekst uit den boze. Een stoplap is een onbeduidend stukje tekst dat vooral voorkomt in het dagelijks spraakgebruik van mensen. Voorbeelden van stoplappen zijn: 'best wel, echt wel, zeg maar, ik heb iets van, gewoon, eigenlijk, uiteraard, natuurlijk, in principe, in wezen'.

Vuistregel 9
Gebruik geen omslachtige formuleringen, kopconstructies en stoplappen.

Oefening 12

Tangconstructies
Een tangconstructie is een zin (of deel van een zin) waarin tussen twee woorden die bij elkaar horen, andere woorden zijn gevoegd. Een voorbeeld van een tangconstructie:

1. De beleidsnota, die totaal onleesbaar is voor leken en daardoor een onduidelijk beeld schept over de stand van zaken met betrekking tot het woonruimtetekort in de Randstad, is toch aangenomen.

De twee woorden die bij elkaar horen, zijn 'beleidsnota' en 'is aangenomen'. Doordat de afstand tussen deze twee woorden groot is, wordt de zin moeilijker leesbaar. Het is beter de twee woorden die bij elkaar horen ook bij elkaar te zetten:

2. De beleidsnota is aangenomen, hoewel die totaal onleesbaar is voor leken. Door dat laatste schept de nota een onduidelijk beeld over de stand van zaken met betrekking tot het woonruimtetekort in de Randstad.

Zo wordt de tangconstructie vermeden. Daarbij zie je dat de zin is opgesplitst in twee zinnen, wat ook zorgt voor een betere leesbaarheid.

Vuistregel 10
Vermijd tangconstructies.

Oefening 13

Kennistest vraag 1 t/m 8

> **Overzicht van de vuistregels van ViP-7: Cohesie en zinsconstructies**
>
> 1. Zorg voor eenduidige verwijzingen die geen misverstanden kunnen oproepen.
> 2. Als een antecedent ver weg staat van het verwijswoord en het onduidelijk is of het verwijswoord er ook echt naar verwijst, herhaal dan het antecedent.
> 3. Verwijs nooit naar een woord in een titel of kopje, maar herhaal het woord in de zin.
> 4. Zorg ervoor dat er niet te veel impliciete verbanden in je tekst zitten.
> 5. Gebruik alleen een synoniem als dat synoniem dezelfde betekenis heeft en het duidelijk is dat naar hetzelfde concept verwezen wordt.
> 6. Varieer in de lengte van je zinnen: beperk het aantal bijzinnen in één zin en maak niet te veel korte zinnen.
> 7. Vermijd in je tekst zoveel mogelijk naamwoordconstructies.
> 8. Gebruik in je tekst niet te vaak de passieve vorm.
> 9. Gebruik geen omslachtige formuleringen, kopconstructies en stoplappen.
> 10. Vermijd tangconstructies.

ViP-8: Wetenschappelijke schrijfstijl

Inleiding

De manier waarop je informatie opschrijft en hoe je de lezer aanspreekt, wordt ook wel schrijfstijl genoemd. Je schrijfstijl wordt voor een belangrijk deel bepaald door de aanspreekvorm, de woordkeus en de zinsbouw die je gebruikt. Een adequate schrijfstijl is afhankelijk van het type tekst en de doelgroep voor wie je schrijft. In persoonlijke brieven kun je bijvoorbeeld een informele toon gebruiken, door de lezer met 'je' of 'jij' aan te spreken; in zakelijke brieven spreek je de lezer aan met 'u'. In teksten voor mensen met een hoog kennisniveau kun je moeilijker woorden en langere zinnen gebruiken dan in een tekst voor lezers met een lager kennisniveau. Maar wat is nu een geschikte schrijfstijl voor een wetenschappelijk artikel?

ViP-8 gaat over wetenschappelijke schrijfstijl en wetenschappelijk taalgebruik. Besproken wordt waarop je moet letten als je informatie duidelijk, professioneel en prettig leesbaar wilt overbrengen aan de lezer.

Deel 1: Schrijfstijl en taalgebruik bij wetenschappelijk schrijven

Schrijftaal versus spreektaal

Het is belangrijk dat je *geen spreektaal* gebruikt in een wetenschappelijk artikel. Waarschijnlijk schrijf je in je artikel uit jezelf al op een andere manier dan je normaal zou doen. Toch sluipt informeel taalgebruik er snel in, waardoor je een stijlbreuk krijgt tussen spreektaal en wetenschappelijke taal. Lees ter illustratie tekst 1.

1. Voor dit experiment is een vragenlijst gebruikt die verspreid is onder 200 eerstejaarsstudenten economie. De responsratio was 80%, wat best een aardige uitkomst is.

In dit voorbeeld is 'best een aardige uitkomst' spreektaal en die zorgt voor een stijlbreuk. Je zou beter kunnen schrijven dat een responsratio van 80% 'goed te noemen is'.

In schrijftaal gebruik je andere woorden dan in spreektaal. Wanneer je bijvoorbeeld in spreektaal iemand probeert te overtuigen, zul je snel 'vergrotende' woorden gebruiken. Voorbeelden van vergrotende woorden zijn: enorm, buitengewoon, gigantisch, uitmuntend, prachtig, totaal, erg, zeer, enzovoort. Deze woorden zijn in de meeste gevallen ongepast in een wetenschappelijke tekst.

Andere woorden die je niet moet gebruiken in schrijftaal, zijn zogenaamde 'stoplappen'. Hier is ook al wat over gezegd in ViP-7 over zinsconstructies. Stoplappen zijn onbeduidende stukjes die vooral voorkomen in het dagelijks spraakgebruik van mensen. Ze hebben vaak nauwelijks betekenis en worden veelal gebruikt om een zin op te vullen. Voorbeelden van stoplappen zijn: 'best wel', 'eigenlijk', 'zeg maar', 'min of meer' en 'ongeveer'.

Zorg er verder voor dat de woorden die je gebruikt, een duidelijke betekenis hebben. Vermijd woorden waarbij twijfel over de betekenis kan zijn. Voorbeelden zijn: 'een redelijk deel', 'behoorlijk weinig' of 'zo goed als alles'. In gesproken taal kom je zulke uitdrukkingen veel tegen, maar in geschreven wetenschappelijke taal moet je bondig en duidelijk formuleren. De lezer kan de schrijver immers niet om meer uitleg vragen.

Vuistregel 1
Vermijd spreektaal.

Oefening 1
Oefening 2

Afwisselend woordgebruik
Een ander aspect waarop je moet letten bij de manier waarop je iets opschrijft, is dat je niet te vaak dezelfde woorden moet gebruiken.

Dit geldt niet alleen voor wetenschappelijke artikelen, maar voor geschreven stukken in het algemeen. Het valt namelijk snel op als je twee keer hetzelfde woord gebruikt. Lees ter illustratie tekst 1:

1. Psychologie studeren is erg interessant. Vooral omdat veel onderwerpen herkenbaar zijn uit het dagelijks leven, is het interessant voor veel studenten. Een interessant voorbeeld van een herkenbaar onderwerp is het *bystander-effect*.

Het woord 'interessant' wordt driemaal kort achter elkaar gebruikt, waardoor het irritatie kan opwekken bij de lezer. De tekst wordt er bovendien een beetje saai door. Om overmatige herhaling van bepaalde woorden te voorkomen kun je synoniemen, hyponiemen of hyperoniemen gebruiken.

Twee woorden worden *synoniemen* genoemd als ze dezelfde betekenis hebben. Bijvoorbeeld: mentaal en geestelijk; nakomeling en kind; hersenen en brein. Let er wel op dat je een synoniem alleen gebruikt wanneer dat synoniem dezelfde betekenis heeft en het duidelijk is dat naar hetzelfde concept verwezen wordt.

Hyponiemen zijn woorden waarvan de betekenis door een andere, meer omvattende term gedekt wordt; het is dan een ondergeschikte term van het woord dat vervangen moet worden. *Hyperoniemen* zijn juist overkoepelende termen; het zijn woorden waarvan de betekenis die van een ander woord insluit. Bijvoorbeeld:

hyponiem		*hyperoniem*
psycholoog	→	wetenschapper
christendom	→	godsdienst
bonobo	→	primaat

Zorg dus voor gevarieerd woordgebruik. Je kunt als richtlijn aanhouden dat je hetzelfde woord niet binnen drie zinnen herhaalt.

Vuistregel 2
Varieer je woordgebruik.

Oefening 3

Ik en wij
Lange tijd was het ongebruikelijk om als auteur(s) 'ik' en 'wij' te gebruiken in wetenschappelijke artikelen. Auteurs verwezen naar zichzelf als 'de auteurs' of 'de onderzoekers'. Overige zinnen werden passief geformuleerd, zodat ze zichzelf niet als handelende personen hoefden te noemen. Deze schrijfstijl werkte soms verwarrend en de leesbaarheid van de tekst werd er niet beter op. Tegenwoordig adviseert de APA om een actieve schrijfstijl te gebruiken.

Dus niet:
'Er is een onderzoek uitgevoerd.' Of: 'De auteurs hebben een onderzoek uitgevoerd.'
Maar:
'Wij hebben een onderzoek uitgevoerd.'

Toch zie je het gebruik van 'ik' en 'wij' niet heel frequent in artikelen. Dat komt doordat veel verwijzen naar jezelf als auteur hinderlijk is voor de lezer. Het verveelt om telkens te lezen 'ik vind ...', 'naar mijn mening ...', 'ik denk ...', 'mijns inziens ...', enzovoort. Het is al vanzelfsprekend dat de inhoud van de tekst de positie van de auteur vertegenwoordigt.

Vaak kun je een zin ook actief formuleren zonder dat je 'ik' of 'wij' hoeft te gebruiken.

> Voorbeeld:
> In hoofdstuk 2 geef ik uitleg over [...].
>
> Actieve alternatieven zonder 'ik':
> In hoofdstuk 2 komt [...] aan bod.
> In hoofdstuk 2 volgt uitleg over [...].

Let er wel op dat je geen 'antropomorfismen' gebruikt; hierbij wijs je menselijke eigenschappen toe aan een dier of ding. Zoals in de volgende zin: 'Hoofdstuk 2 vertelt meer over [...].'
Een hoofdstuk kan niet vertellen.

Vuistregel 3
Formuleer zinnen zo veel mogelijk actief, maar probeer niet te vaak 'ik' te gebruiken.

Oefening 4

Het gebruik van 'wij' is alleen toegestaan om naar jezelf en je medeauteur(s) te verwijzen. Het woord 'wij' mag je niet gebruiken om naar mensen of groepen mensen in het algemeen te verwijzen. Dit kan namelijk verwarring wekken.

> Bijvoorbeeld:
> We classificeren verschillende stoornissen aan de hand van criteria uit de DMS-5.

Wie zijn 'we'? Als de auteurs zichzelf bedoelen, is deze manier van formuleren correct. Maar als de auteurs met 'we' verwijzen naar bijvoorbeeld 'psychologen', dan moeten ze dat duidelijker aangeven.

Vuistregel 4
Gebruik 'wij' alleen om naar jezelf en je medeauteur(s) te verwijzen, en niet naar (groepen) mensen in het algemeen.

Oefening 5

Seksistisch taalgebruik
In een wetenschappelijke tekst moet je seksistisch taalgebruik vermijden. Onderstaande tekst is een voorbeeld waarin niet sekseneutraal geschreven wordt:

> Wanneer een leerling leerproblemen heeft, kan dat heel vervelend voor hem zijn. Hij merkt dat hij niet meekomt in de klas en hij heeft speciale aandacht nodig.

De leerling kan zowel een jongen als een meisje zijn, dus de keuze voor 'hij' is niet neutraal.

Je kunt dit oplossen door 'hij of zij' te gebruiken:

> Wanneer een leerling leerproblemen heeft, kan dat heel vervelend voor hem of haar zijn. Hij of zij merkt dat hij of zij niet meekomt in de klas en hij of zij heeft speciale aandacht nodig.

Het probleem met de formulering 'hij of zij' is dat deze de leesbaarheid vermindert, zeker als je die een aantal keer achter elkaar gebruikt.

Een andere oplossing is de meervoudsvorm te gebruiken:

> Wanneer leerlingen leerproblemen hebben, kan dat heel vervelend voor hen zijn. Ze merken dat ze niet meekomen in de klas en ze hebben speciale aandacht nodig.

Je kunt het ook wat abstracter opschrijven:

> Wanneer een leerling leerproblemen heeft, kan dat heel vervelend zijn. Deze kan moeilijk meekomen in de klas en heeft speciale aandacht nodig.

Het nadeel is nu wel dat het niet duidelijk is voor wie het precies vervelend is (voor de leerling, de klasgenoten, de leerkracht?).

Probeer ook andere woorden zo veel mogelijk sekseneutraal te houden. Dus bijvoorbeeld 'leerkracht' in plaats van 'leraar' of 'lerares'. Andere vormen van seksistisch taalgebruik, zoals denigrerend schrijven over mannen of vrouwen, zijn natuurlijk ook niet toegestaan.

Vuistregel 5
Vermijd seksistisch taalgebruik.

Oefening 6

Werkwoordstijden
Het spreekt voor zich om de verleden tijd te gebruiken voor zaken die zich in het verleden hebben afgespeeld en om de tegenwoordige tijd te gebruiken voor zaken die zich nu afspelen. Maar wanneer je schrijft over beweringen die in het verleden zijn gedaan, dan mag je ook de tegenwoordige tijd gebruiken.

> Bijvoorbeeld:
> Bandura kwam als eerste met de term *self-efficacy*, die verwijst naar het vertrouwen in eigen kunnen.

In het verleden heeft Bandura de term *self-efficacy* geïntroduceerd, maar de beschrijving van de inhoud van deze term mag in de tegenwoordige tijd. De definitie geldt namelijk nog steeds. Bij het gebruik van de verleden tijd lijkt het of de beschrijving inmiddels achterhaald is, of niet meer gebruikt wordt. Zie hieronder:

> Bandura kwam als eerste met de term *self-efficacy*, die verwees naar het vertrouwen in eigen kunnen. (Verwijst die term nu niet meer naar het vertrouwen in eigen kunnen?)

In een review-artikel bespreek je voornamelijk bevindingen die al gedaan zijn. Je rapporteert immers niet over eigen onderzoek. Je gebruikt de verleden tijd om experimenten of procedures te bespreken die reeds hebben plaatsgevonden. De resultaten beschrijf je ook in de verleden tijd. Gebruik echter de tegenwoordige tijd om de resultaten te bediscussiëren en voor conclusies. Dus:

> Johnson liet zien [...] / Johnson heeft laten zien [...]. (Verleden tijd of onvoltooid verleden tijd voor beschrijving.)
> Het bleek dat [...] significant toenam. (Verleden tijd voor resultaten.)
> Deze gegevens werpen een nieuw licht op [...]. (Tegenwoordige tijd voor discussie.)
> Hieruit kunnen we concluderen [...]. (Tegenwoordige tijd voor conclusie.)

Vuistregel 6
Let op een juist gebruik van werkwoordstijden.

Oefening 7

Helder wetenschappelijk taalgebruik
In de wetenschap is het belangrijk dat je de informatie objectief en neutraal presenteert. Hierdoor verschilt de schrijfstijl in wetenschappelijke artikelen van de stijl in populaire artikelen of romans. Ondanks dit verschil hoeft een wetenschappelijke tekst niet saai te zijn. Nu is het moeilijke aan een wetenschappelijke schrijfstijl dat je formeel maar toch helder en boeiend moet schrijven.

Wetenschappelijke taal heeft een aantal kenmerken waardoor de taal snel minder helder wordt: objectiviteit, voorzichtigheid en moeilijk woordgebruik (jargon). We zullen hier per kenmerk uitleggen (a) waarom dat belangrijk is in wetenschappelijk schrijven, (b) hoe het kan leiden tot een minder leesbare tekst en (c) hoe je er toch voor kunt zorgen dat de leesbaarheid goed blijft.

Objectiviteit

– Belang
In de wetenschap is het belangrijk dat je data en informatie objectief weergeeft. Het gaat immers niet om je persoonlijke mening, maar om een correcte presentatie van de informatie.

– Gevaar voor leesbaarheid
Objectieve verslaglegging heeft vaak tot gevolg dat het verhaal minder 'menselijk' wordt. De schrijver en andere handelende instanties worden meestal niet direct aangehaald in de tekst. Veelal wordt er in de lijdende vorm geschreven. Ook naamwoordconstructies en het gebruik van het woord 'men' maken de tekst objectief. Deze schrijfstijl brengt met zich mee dat de zinnen minder leesbaar worden, zoals in ViP-7 over zinsconstructies reeds besproken is. Daarbij is een wetenschappelijke tekst minder kleurrijk dan tekst in de krant of in een e-mail, aangezien de tekst jouw wetenschappelijke opvatting over het onderwerp weerspiegelt en niet jouw persoonlijke mening.

– Objectief en leesbaar schrijven
Zaken die een tekst 'stijf' maken, zoals de lijdende vorm en naamwoordconstructies, zijn makkelijk te vermijden. Het is namelijk vaak niet nodig om zo'n schrijfstijl te hanteren. Dat veel wetenschappers het doen, wil niet zeggen dat het daarom de gepaste stijl is.

Om een objectieve schrijfstijl te realiseren is het van belang neutrale woorden te gebruiken. Het is professioneel als je woorden gebruikt die niet te veel achterliggende of impliciete betekenis hebben. Zie bijvoorbeeld het verschil tussen zin 1 en 2.

1. 'Er volgde *geen* reactie.' (objectief)
2. 'Er werd *totaal niet* gereageerd.' (subjectief, overdrijvend)

In de tweede zin zit een waardeoordeel verscholen. Je krijgt de indruk dat de schrijver het een schande vindt dat er niet gereageerd werd.

Ook het gebruik van deelwoorden zorgt voor een meer objectieve tekst. Zie bijvoorbeeld het verschil tussen zin 1 en 2.

1. 'Het gebruik van afkortingen *werkt verwarrend*.' (objectief)
2. '*Je raakt in de war* van afkortingen.' (subjectief)

Vuistregel 7
Zorg voor een objectieve schrijfstijl:
- Geef je wetenschappelijke opvatting in plaats van je persoonlijke mening.
- Schrijf neutraal, gebruik geen gekleurde woorden of uitdrukkingen waaruit een waardeoordeel blijkt.
- Probeer objectief te zijn, zonder te stijf te schrijven (houd de leesbaarheid in het oog).

Oefening 8
Oefening 9

Voorzichtigheid

- *Belang*

In de sociale wetenschappen kunnen we zelden informatie als onomstotelijk 'waar' presenteren. Aan veel theorieën kleven beperkingen. Bevindingen uit experimenten zijn vaak alleen onder bepaalde omstandigheden aangetoond. Aangezien je de informatie in je tekst objectief moet presenteren, is voorzichtig formuleren belangrijk.

- *Gevaar voor leesbaarheid*

Doordat zij voorzichtig moeten formuleren, schrijven wetenschappers vaak zinnen als 1, in plaats van zinnen als 2.

1. Dit suggereert dat er een positieve relatie is tussen [...].
2. Er is een positieve relatie tussen [...].

Hierdoor worden de zinnen complexer, met lange aanlopen en bijzinnen om de beperkingen aan te geven. Ook kunnen er omslachtige formuleringen en tangconstructies ontstaan. Bij tangconstructies zijn twee woorden die bij elkaar horen, gescheiden door veel andere woorden. Zie bijvoorbeeld zin 3:

3. De theorie, zoals hier getoetst in een laboratoriumsetting met controle over de eerdergenoemde variabelen en met alleen gezonde mannen tussen de 30 en 35 jaar met een HBO^+-opleiding, levert een goede verklaring voor de gevonden data.

In deze zin horen 'theorie' en 'levert' bij elkaar, maar ze zijn gescheiden door veel woorden die nuanceringen aangeven in de zin. Hierdoor wordt de zin moeilijker te lezen.

– *Voorzichtig en helder schrijven*
Voorzichtig formuleren kan dus resulteren in complexe zinnen. Dit is op te lossen door niet te veel informatie in één zin te zetten. Maak van een complexe zin bijvoorbeeld drie kortere zinnen. De tangconstructie van hierboven zou je kunnen herschrijven tot:

De theorie levert een goede verklaring voor de gevonden data. Hierbij moet wel de kanttekening worden geplaatst dat het experiment in een laboratorium is uitgevoerd, met controle over de eerdergenoemde variabelen. Daarbij zijn de bevindingen alleen gebaseerd op gezonde mannen tussen de 30 en 35 jaar met een HBO^+-opleiding.

Lange aanlopen zijn niet altijd te vermijden, maar er is wel een verschil tussen 'korte' lange aanlopen, en 'lange' lange aanlopen. Vergelijk ter illustratie zin 1 en 2.

1. Het schijnt er eventueel op te lijken dat [...].
2. Het lijkt erop dat [...].

Vuistregel 8
Formuleer voorzichtig waar nodig en houd daarbij de leesbaarheid in het oog.

Oefening 10

Moeilijk woordgebruik

- *Belang*

In wetenschappelijke teksten worden vaak moeilijke woorden gebruikt, omdat bepaalde begrippen nu eenmaal bij het jargon van de wetenschap horen. Je kunt niet zonder termen als 'paradigma', 'validiteit' of 'significantieniveau'. Hiervoor bestaan namelijk geen simpeler woorden. Ook jargon dat aan een vakgebied verbonden is, is moeilijk te vermijden. Het is juist belangrijk dat begrippen consistent worden gebruikt, zodat verschillende theorieën over hetzelfde onderwerp met elkaar te vergelijken zijn.

- *Gevaar voor leesbaarheid*

Het gebruik van jargon maakt een wetenschappelijke tekst moeilijker te lezen. Vaak gebruiken schrijvers echter ook andere moeilijke woorden, die niet tot de vaktermen behoren. Dit maakt een tekst extra lastig te lezen.

- *Moeilijk woordgebruik en leesbaar schrijven*

Het is belangrijk dat je vaktermen correct gebruikt. Daarbij is het raadzaam om na te gaan of verschillende auteurs hetzelfde verstaan onder een bepaald begrip. Ook kun je een psychologisch (of ander specialistisch) woordenboek raadplegen voor een goede beschrijving van vaktermen. Daarbij is het uitleggen of definiëren van een vakterm nuttig, zodat de lezer weet wat er onder de term wordt verstaan. Het kan zijn dat de lezer een verkeerd beeld heeft van een begrip, door bijvoorbeeld de media. Denk maar eens aan 'schizofrenie' en 'meervoudige persoonlijkheidsstoornis'; deze termen worden vaak verkeerd gebruikt in de media.

Bij je overige woordgebruik heb je wel een keus. Een wetenschappelijke tekst wordt er niet wetenschappelijker op door ingewikkelde woorden te gebruiken. Lees zin 1 maar eens – een citaat van de voormalige minister-president Ruud Lubbers.

1. "Diverse basisdocumenten onder meer met betrekking tot prioritaire stoffen en het NMP adstrueren een significante stijging van het aantal geurgehinderden."

Het gevolg van dit ingewikkelde taalgebruik is dat je de informatie niet in je opneemt. Weet je nog wat hierboven staat? Je kunt hetzelfde zeggen op een meer eenvoudige manier, zoals in zin 2.

2. Uit diverse rapporten, waaronder het Nationaal Milieu Plan, blijkt dat het aantal mensen dat last heeft van stank, duidelijk is toegenomen.

Op deze manier kost het minder moeite om te begrijpen wat de boodschap is, en dit zorgt ervoor dat deze beter onthouden wordt.

Tot slot gaan we in op het gebruik van voorzetseluitdrukkingen. Dit zijn vaste woordcombinaties die beginnen met een voorzetsel. Voorzetseluitdrukkingen zijn over het algemeen moeilijker te lezen dan enkelvoudige voorzetsels. Het is niet erg om zo nu en dan een voorzetseluitdrukking te gebruiken, maar als het korter kan, is het vaak beter. Hieronder vind je een voorbeeldlijstje met voorzetseluitdrukkingen en de alternatieve voorzetsels.

Voorzetseluitdrukking	Alternatief voorzetsel
Ten aanzien van ...	Over, van, voor, op
Met betrekking tot ...	Over, voor
Ten behoeve van ...	Voor
Met behulp van ...	Met
Op het gebied van ...	Op, voor, over
Als gevolg van ...	Door
Onder invloed van ...	Door
Door middel van ...	Door, met
Van de kant van ...	Van, vanuit

Vuistregel 9
Gebruik niet te veel moeilijke woorden, uitgezonderd noodzakelijk vakjargon.

Oefening 11

Kennistest vraag 1 t/m 6

Overzicht van vuistregels van ViP-8: Wetenschappelijke schrijfstijl

1. Vermijd spreektaal.
2. Varieer je woordgebruik.
3. Formuleer zinnen zo veel mogelijk actief, maar probeer niet te vaak 'ik' te gebruiken.
4. Gebruik 'wij' alleen om naar jezelf en je medeauteur(s) te verwijzen, en niet naar (groepen) mensen in het algemeen.
5. Vermijd seksistisch taalgebruik.
6. Let op het juiste gebruik van werkwoordstijden.
7. Zorg voor een objectieve schrijfstijl:
   - Geef je wetenschappelijke opvatting in plaats van je persoonlijke mening.
   - Schrijf neutraal, gebruik geen gekleurde woorden of uitdrukkingen waaruit een waardeoordeel blijkt.
   - Probeer objectief te zijn, zonder te stijf te schrijven (houd de leesbaarheid in het oog).
8. Formuleer voorzichtig waar nodig en houd daarbij de leesbaarheid in het oog.
9. Gebruik niet te veel moeilijke woorden, uitgezonderd noodzakelijk vakjargon.

ViP-9: Revisie en afwerking

Inleiding

Wanneer je het idee hebt dat je artikel zo goed als gereed is, is het tijd voor de laatste revisies. Je moet je artikel nog een keer nalopen op een aantal punten voordat het definitief af is. Verder verdient het aanbeveling je tekst ook door een ander te laten beoordelen. Maar voordat je een ander naar je artikel laat kijken, kun je zelf nog verbeteringen aanbrengen.

Allereerst is het van belang de tekst nog eens grondig na te lopen op grammatica en interpunctie. Als je heel intensief bezig bent geweest met je tekst, kun je die echter het beste eerst even een paar dagen wegleggen. Daarna kun je er met een frisse blik tegenaan kijken. Zinnen die niet eindigen met een punt of zinnen die d/t-fouten bevatten, wekken een slordige indruk. De ene lezer zal zich er meer aan storen dan de andere, maar het is nu eenmaal een feit dat je artikel er afgeraffeld uitziet als er veel van die 'foutjes' in staan. Als je wilt dat de lezer jou serieus neemt, neem dan ook de verzorging van je artikel serieus. Vertrouw niet blindelings op de spellingscontrole van Word, maar lees ook zelf je tekst kritisch na. In deel 1 van deze ViP komen een paar punten ten aanzien van grammatica en interpunctie aan de orde waarbij het nog weleens mis kan gaan.

Ten tweede is het van belang dat je de globale opbouw van je artikel nagaat. Is de verhaallijn duidelijk? Staat alle informatie erin, en staat deze in de juiste volgorde? Ook belangrijk is dat je nagaat of er geen overbodige informatie in staat. In deel 2 van deze ViP worden vuistregels gegeven voor de laatste revisie op inhoud.

Het derde deel van ViP-9 gaat over vormvoorschriften. Door je artikel een overzichtelijke vorm te geven maak je het hopelijk aangenamer om te lezen, en begrijpelijk. In dit deel zullen vormvoorschriften voor typografie en het gebruik van figuren en tabellen worden besproken. Ook worden er richtlijnen gegeven voor het gebruik van afkortingen, het wel of niet uitschrijven van getallen en het gebruik van opsommingen.

Deel 1: Revisie op grammatica en interpunctie

Zoals al is aangegeven in de inleiding, komt het knullig over als er taalfouten in je artikel staan. Daarom worden er in het eerste deel van deze ViP aanwijzingen gegeven voor het reviseren van je artikel op het gebied van grammatica en interpunctie.

Grammatica

Deze schrijftraining is geen cursus Nederlands, maar toch stippen we hier kort enkele grammaticale onderwerpen aan waarbij vaak fouten gemaakt worden en waarop je extra moet letten bij je laatste revisie.

Verwijswoorden

- *Die of dat, dit of deze?*

Je verwijst met *deze* en *die* naar mannelijke of vrouwelijke woorden (*de*-woorden) en met *dit* en *dat* naar onzijdige woorden (*het*-woorden).

>   Voorbeeld:
>   1. Het was *de* statistiek *die* ik niet snapte → statistiek = vrouwelijk
>   2. Het kwam door *het* significantieniveau *dat* te laag was → significantieniveau = onzijdig

- *Dat of wat?*

Naar een onzijdig woord (*het*-woord) wordt dus met *dat* verwezen. *Wat* verwijst naar een hele zin.

>   Voorbeeld:
>   1. Er werd veel negatiefs gezegd over het onderzoek, dat ik interessant vind.
>   2. Er werd veel negatiefs gezegd over het onderzoek, wat ik interessant vind.

In zin 1 vind je *het onderzoek* interessant ('dat' verwijst naar het onderzoek).
In zin 2 vind je het interessant dat *er veel negatiefs is gezegd over het onderzoek* ('wat' verwijst naar de hele voorafgaande zin).

– Hun of hen?
Hen wordt gebruikt als lijdend voorwerp of na een voorzetsel (ongeacht het zinsdeel). *Hun* wordt gebruikt als meewerkend voorwerp; *hun* kan nooit het onderwerp van een zin zijn (ook al hoor je dat tegenwoordig vaak in spreektaal).

Voorbeeld:
1. Voordat de honden gingen kwijlen, gaf Pavlov eerst eten aan *hen*. → *hen* na voorzetsel
2. Hij conditioneerde *hen* al in 1904. → *hen* is lijdend voorwerp
3. Hij heeft *hun* het eten gegeven. → *hun* is meewerkend voorwerp

Vuistregel 1
Let op het correct gebruik van verwijswoorden in je artikel (wat, dat, die, dit, deze, hen en hun).

Oefening 1

Stijlfouten
We stippen hier kort enkele stijlfouten aan die regelmatig voorkomen in verslagen van studenten.

– *Pleonasme en tautologie*
Bij zowel een pleonasme als een tautologie zeg je twee keer hetzelfde met verschillende woorden. Bij een pleonasme behoren die woorden tot een andere woordsoort en bij een tautologie behoren ze tot dezelfde woordsoort. Voorbeelden van deze stijlfouten zijn:

- Ik heb het werk weer hervat. (pleonasme; je kunt hier 'weer' weglaten)
- De test werd opnieuw herhaald. (pleonasme; je kunt hier 'opnieuw' weglaten)
- Zoals bijvoorbeeld in figuur 1. (pleonasme; je kunt hier hetzij 'zoals' hetzij 'bijvoorbeeld' weglaten)
- Je kunt haast bijna niet meer van objectiviteit spreken. (tautologie; 'haast' en 'bijna' is dubbelop)

- *Congruentie*
Het onderwerp en de persoonsvorm moeten congruent zijn. Dus als het onderwerp enkelvoud is, moet de persoonsvorm dat ook zijn. Als het onderwerp meervoud is, moet de persoonsvorm ook meervoud zijn. Een voorbeeld van een congruentiefout:

> Een kwart van de deelnemers gaven aan voortijdig te willen stoppen. (fout: 'een kwart' is enkelvoud, dus persoonsvorm moet ook enkelvoud zijn: 'gaf' in plaats van 'gaven').

- *Contaminatie*
Bij een contaminatie worden twee woorden of uitdrukkingen met een verwante betekenis foutief samengetrokken. Hieronder volgen een paar voorbeelden.

Contaminatie	→	Vervang door:
uittesten	→	uitproberen of testen
onderdeel uitmaken van	→	deel uitmaken of onderdeel zijn van
nachecken	→	nakijken of checken
van toepassing voor	→	van toepassing op of bestemd voor

Vuistregel 2
Vermijd stijlfouten als pleonasme, tautologie, incongruentie tussen onderwerp en persoonsvorm en contaminatie.

Oefening 2

- *Aaneengeschreven, streepje of los?*
Soms is het moeilijk te bepalen of bepaalde woorden aan elkaar of los moeten worden geschreven. De hoofdregel is: samenstellingen moeten aaneengeschreven worden. Maar natuurlijk zijn daar ook weer uitzonderingen op. Nu is het niet nuttig hier alle regels te bespreken over wanneer iets aan elkaar, met een streepje of los geschreven moet worden. Daarvoor verwijzen we naar boeken over grammatica en spelling zoals de *Schrijfwijzer* van Renkema (2012) of naar het Groene Boekje van de Nederlandse taal op internet (woordenlijst.org). Wel is het nuttig om bij het reviseren van je artikel het al dan niet aaneenschrijven van woorden als aandachtspunt op te nemen. Het komt vaak voor dat woorden ten onrechte los van elkaar worden geschreven. Om een indruk te krijgen van je gevoel

voor dit onderwerp volgt hierover straks een oefening. Maar eerst nog een korte uitleg over samengestelde werkwoorden.

Wanneer werkwoorden samen met een bijwoord en/of voorzetsel voorkomen, worden ze samengestelde werkwoorden genoemd. Voorbeelden hiervan zijn: 'tevoorschijn komen', 'erin opgaan', 'ervan uitgaan', 'ten deel vallen', 'eropuit zijn', 'ertussenuit knijpen', enzovoort.

Vaak ontstaan er moeilijkheden bij het spellen van samengestelde werkwoorden, omdat men niet weet of het bijwoord of het voorzetsel los van of juist aan het werkwoord geschreven moet worden. De regel is: als het voorzetsel en/of bijwoord onderdeel is van het werkwoord, mogen andere woorden er niet aan worden vastgemaakt.

Voorbeeld:
1. Ik heb daar een heleboel van afgedragen. → *afdragen* is het werkwoord, dus *van* mag niet vast aan *af*
2. Hij gaat ervandoor. → *gaan* is het werkwoord, dus *ervandoor* mag aan elkaar
3. Ik kijk ervan op. → *opkijken* is het werkwoord, dus *ervan* en *op* moeten los van elkaar blijven

Vuistregel 3
Let op welke woorden je aan elkaar of los moet schrijven.

Oefening 3

Overige kwesties

– *Schrijf in het Nederlands*
Aangezien veel literatuur in het Engels is geschreven, is het verleidelijk Engelse termen over te nemen. Toch moet je bij een Nederlandstalig artikel proberen zo veel mogelijk in het Nederlands te schrijven. Zoek vertalingen voor theorieën of begrippen. Mocht je twijfelen of het nog wel duidelijk is naar welk concept verwezen wordt, dan kun je altijd de Engelse benaming tussen haakjes vermelden. Sommige begrippen zijn erg moeilijk te vertalen, zoals *arousal*, *bias* of *transfer*. In zo'n geval kun je de Engelstalige vakterm gebruiken, maar dan moet je dat aangeven door deze cursief te zetten.

Vuistregel 4
Schrijf in het Nederlands. Gebruik alleen anderstalige begrippen als er verwarring over het vertaalde begrip zou kunnen bestaan, en zet het anderstalige begrip *cursief*.

- *'En' is een voegwoord*
Sommige mensen beginnen hun zinnen vaak met 'En', terwijl dat niet nodig is. 'En' is een voegwoord, om twee delen van een zin te verbinden. Vaak is 'En' niet geschikt om een zin mee te beginnen.

   Bijvoorbeeld:
   1. Ik vind het een oninteressant boek. En bovendien is de schrijver erg langdradig.

In dit voorbeeld is 'En' overbodig. Je kunt net zo goed het volgende schrijven:

   2. Ik vind het een oninteressant boek. Bovendien is de schrijver erg langdradig.

 Vuistregel 5
Begin zinnen niet met 'En'.

- *'Kunnen', 'zullen' en 'willen'*
De werkwoorden 'kunnen', 'zullen' en 'willen' kunnen op verschillende manieren vervoegd worden bij de tweede persoon enkelvoud (je, jij): 'kan', 'zal' en 'wil' versus 'kunt', 'zult' en 'wilt'. Beide vormen zijn correct Nederlands, maar 'kan', 'zal' en 'wil' zijn informelere vormen, en dus minder geschikt voor in een artikel. 'Kunt', 'zult' en 'wilt' verdienen de voorkeur (en ook 'kun je' in plaats van 'kan je' en 'zul je' in plaats van 'zal je').

 Vuistregel 6
Gebruik bij de werkwoorden 'kunnen', 'zullen' en 'willen' de formele vervoeging bij de tweede persoon enkelvoud.

Spellingscontrole
Wanneer je een geschreven stuk moet inleveren (of dat nu voor je opleiding is, of voor iets anders), controleer dan altijd op spelling. Gebruik de spellingscontrole van Word, maar kijk je tekst ook zelf na. Word haalt niet alle fouten eruit en levert ook niet altijd

juist commentaar. Wanneer je twijfelt over de juiste spelling van woorden, ga dan na met de laatste druk van het Groene Boekje (*Woordenlijst Nederlandse Taal*) of Van Dale woordenboek wat de juiste schrijfwijze is. Wanneer je merkt dat je moeite hebt met taal- en spellingskwesties, gebruik dan een naslagwerk, zoals de *Schrijfwijzer* van Renkema (2012).

Tip

Houd een lijst bij van woorden die je vaak verkeerd spelt! Dan hoef je ze niet elke keer op te zoeken en uiteindelijk zul je die woorden ook niet meer verkeerd schrijven.

Vuistregel 7
Gebruik niet alleen de spellingscontrole van Word om je tekst te controleren, maar kijk ook zelf grondig naar je spelling.

Oefening 4
Oefening 5

Interpunctie
Het is belangrijk om in een tekst correct en consistent leestekens te gebruiken. Met leestekens kun je duidelijkheid scheppen, maar foutief gebruik kan voor ook verwarring zorgen. Je gebruikt leestekens om je tekst grammaticaal te laten kloppen of om een korte leespauze in te lassen. Hieronder worden kort enkele leestekens behandeld waarbij verwarring kan zijn over het gebruik.

– *Dubbele punt* :
Een dubbele punt wordt gebruikt als er een citaat, een opsomming, een voorbeeld, definitie, verklaring, uitwerking, samenvatting, omschrijving of conclusie volgt. Na een dubbele punt volgt alleen een hoofdletter bij een citaat of een opsomming die uit hele zinnen bestaat, zoals in onderstaand voorbeeld.

1. Er zijn twee soorten misvattingen over taal:
    a. Taal is een logisch systeem.
    b. Taal is onveranderlijk.

In de andere gevallen volgt na een dubbele punt een kleine letter, zoals in zin 2.

2. Er waren drie oorzaken: de hoge waterstand, de harde wind en de zwakke plek op de dijk.

– *Puntkomma ;*
De puntkomma verbindt zinnen die nauw met elkaar verbonden zijn. Wat erna volgt, is een uitbreiding van het deel ervoor. Je gebruikt dus een puntkomma als een komma een te kleine pauze geeft en een punt een te grote scheiding. Daarnaast kun je puntkomma's gebruiken in een opsomming als komma's verwarring zouden geven met andere komma's. Ook in een opsomming waarvan de verschillende punten op een nieuwe regel beginnen, gebruik je puntkomma's. Er komt geen hoofdletter na een puntkomma.

Voorbeelden:
1. Homofilie is niet iets van de laatste tijd; in de Romeinse tijd bestond het fenomeen al.
2. Er zijn twee soorten misvattingen over taal:
   – dat taal een logisch systeem is;
   – dat taal onveranderlijk is.

– *Uitroepteken, vraagteken ! ?*
Uitroeptekens worden nauwelijks gebruikt in wetenschappelijke teksten; een tekst kan nogal schreeuwerig worden bij veelvuldig gebruik ervan. Vraagtekens worden wel gebruikt. Meerdere tekens achter elkaar, zoals !!! of !?!, zijn niet gepast.

– *Puntenreeks ...*
De puntenreeks wordt in wetenschappelijke artikelen alleen gebruikt als weglatingsteken tussen rechte haakjes. Daarmee wordt aangegeven dat er een stuk tekst is weggelaten uit het citaat: '[...]'. De puntenreeks als beletselteken (om de lezer aan het denken te zetten of te verrassen) hoort niet thuis in zakelijke teksten.

Voorbeeld:
De ziekte van premier Rutte had volgens eigen zeggen "fataal kunnen zijn [...], maar was gelukkig op tijd onder controle."

- *Haakjes ( )*
Ronde haakjes worden gebruikt om een verduidelijking, verklaring of toevoeging in een zin te zetten. Zet niet te veel tussen haakjes, dat leest niet prettig en het zou een zin te ingewikkeld kunnen maken. Een oplossing is om van de zin tussen haakjes een op zichzelf staande zin te maken.

- *Aanhalingstekens ' ' of " "*
Aanhalingstekens worden gebruikt om letterlijk te citeren of om aan te geven dat een woord in een andere betekenis wordt gebruikt. Er bestaan twee soorten aanhalingstekens: dubbele (" ") en enkele (' '). Bij een citaat worden dubbele aanhalingstekens gebruikt. Woorden met een speciale betekenis moeten tussen enkele aanhalingstekens staan, zoals in onderstaand voorbeeld.

1. Goodall strijdt tegen de 'aaponterende' praktijken in Tanzania.

- *Klemtoonteken*
Een klemtoonteken (accent aigu) wordt gebruikt om woorden of letters te benadrukken. Met een klemtoonteken kun je voorkomen dat de lezer het woord verkeerd begrijpt of verkeerd leest. Zie bijvoorbeeld het verschil in betekenis in onderstaande twee zinnen:

1. Ze konden zich niet meer vergissen.
2. Ze konden zich niet méér vergissen.

In zin 1 is het niet meer mogelijk zich te vergissen.
In zin 2 hebben ze zich verschrikkelijk vergist.
In een wetenschappelijke tekst worden dergelijke klemtoontekens echter zelden gebruikt.

Vuistregel 8
Zorg dat de interpunctie correct is en gebruik geen overbodige leestekens.

Oefening 6

Deel 2: Revisie op de inhoud van je artikel

Inhoud per onderdeel

Nu je artikel inhoudelijk af is, is het tijd om te controleren of je alle vereiste informatie erin hebt staan. Je hebt eerder vuistregels geleerd over de gewenste inhoud van de verschillende onderdelen van je artikel. Loop je artikel straks na op deze punten. Bevat je samenvatting de hoofdbevindingen? Staat je centrale vraag duidelijk vermeld in de samenvatting en de inleiding? Bevat de discussie een kritische bespreking van de bevindingen?

Vuistregel 9
Ga bij de laatste revisie na of alle vereiste informatie per onderdeel van je artikel goed beschreven is.

Bondig schrijven

Een ander aandachtspunt bij de laatste revisie op inhoud is of alle geschreven stukken er wel werkelijk in moeten staan. Je hebt al geleerd dat je alleen relevante informatie moet beschrijven. Kijk nog een keer kritisch naar de informatie die je in je artikel hebt opgenomen. Veel schrijvers hebben moeite met het schrappen van stukken tekst. Ze hebben al veel tijd besteed aan het bijschaven van een bepaalde passage, en achteraf blijkt dat stuk dan toch niet goed te passen in het geheel van de tekst. Het is dan beter om deze passage uit je artikel te halen. De Amerikaanse schrijver Faulkner (1897-1962) beschreef dit principe met de uitdrukking 'kill your darlings'. Als passages in de tekst er alleen maar in staan omdat je ze zo mooi vindt, kun je ze beter weglaten.

Ook moet je letten op de redundantie in je tekst. Redundantie betekent 'overvloed aan gegevens'. De redundantie van een tekst kun je zien als de mate waarin zaken worden toegelicht, uitgelegd en herhaald. De gepaste redundantie is afhankelijk van je doelgroep. Wanneer je een tekst schrijft voor laagopgeleide mensen, is veel herhalen en uitleggen gepast. In een wetenschappelijk artikel schrijf je voor je vakgenoten. Wanneer je te uitgebreid schrijft, zullen de lezers hun interesse verliezen. Wees dus bondig in je uitleg, zonder dat het ten koste gaat van de duidelijkheid. Bekijk of je zinnen kunt vinden die te weinig toevoegen aan je boodschap. Schrap overbodige tekst.

Vuistregel 10
Wees bondig maar duidelijk in het aanbieden van informatie; schrap overbodige tekst.

Oefening 7

Concretiseren
Hoewel je dus bondig moet zijn in je informatieverstrekking, is het nuttig af en toe een voorbeeld te geven om abstracte informatie te concretiseren. Wanneer je een ingewikkeld gedeelte van een theorie uitlegt, is het goed om in 'gewone taal' een concreet voorbeeld te geven. Door dat te doen laat je ook zien dat je de stof goed beheerst.

Neem bijvoorbeeld de volgende zin:

1. Er bestaan verschillende technieken om verbale informatie beter te onthouden. Een van die technieken is het gebruik van acroniemen, waarbij je een woord of uitdrukking bedenkt waarvan elke letter voor een bepaalde informatie-eenheid staat.

De informatie in tekst 1 is vrij abstract; wat moet de lezer zich voorstellen bij *technieken, verbale informatie, acroniem, uitdrukking of informatie-eenheid?* Dit zijn moeilijke begrippen, die je makkelijk kunt verduidelijken door een concreet voorbeeld te geven, zoals in tekst 2 gedaan is.

2. Er bestaan verschillende technieken om verbale informatie – zoals rijtjes woorden – beter te onthouden. Deze technieken staan bekend als ezelsbruggetjes. Een van die technieken is het gebruik van acroniemen, waarbij je een woord of uitdrukking bedenkt waarvan elke letter voor een bepaalde informatie-eenheid staat. Een bekend voorbeeld van een acroniem is 'Meneer Van Dale Wacht op Antwoord'. Met dit acroniem kun je onthouden welke rekenkundige handeling je eerst moet uitvoeren bij het maken van een rekensom. De eerste letters van de woorden staan voor: machtsverheffen, vermenigvuldigen, delen, worteltrekken, optellen en aftrekken. Deze volgorde moet je aanhouden bij het uitrekenen van een som waarin deze verschillende rekenkundige bewerkingen voorkomen.

Vuistregel 11
Bekijk of je verhaal goed te volgen is voor de doelgroep en probeer waar nodig abstracte stukken te concretiseren door een voorbeeld te geven.

Oefening 8
Oefening 9

Deel 3: Vormvoorschriften

Wanneer je een artikel wilt opsturen naar een tijdschrift, zijn er allerlei vormvoorschriften. Dit zijn regels over de lay-out, vormgeving van figuren en tabellen, en notaties van afkortingen en getallen. In de *Publication Manual* van de APA staan algemene vormvoorschriften beschreven. In dit deel van de ViP worden enkele van die richtlijnen besproken.

De lay-out van je artikel

- *Alinea-indeling en typografie*

Om een artikel goed leesbaar te maken is het belangrijk dat je niet aan één stuk door schrijft. Een overzichtelijke alinea-indeling maakt de tekst leesbaarder, geeft de tekst een verzorgd uiterlijk en geeft de lezer adempauzes. Probeer de lengte van alinea's niet te veel te laten variëren. Je kunt onderscheid maken tussen twee alinea's door naar de volgende regel te gaan (enter), door in te springen (tab), of door een witregel tussen de alinea's te zetten (twee keer enter). De laatste manier is het minst gebruikelijk. Probeer de manier waarop je de alinea's indeelt, consistent te houden.

Het uiterlijk van je artikel wordt ook bepaald door de typografie. Het is niet de bedoeling creatief met lettertypen en functies van Word aan de slag te gaan. Houd je aan de volgende basisregels voor typografische vormgeving:
- Gebruik één lettertype. Geen opvallend lettertype, zo neutraal mogelijk dus. Een gebruikelijk neutraal lettertype is Times New Roman.
- Cursiveringen gebruik je alleen voor woorden met nadruk, voor buitenlandse uitdrukkingen, in je referentielijst, en voor de samenvatting aan het begin van je artikel.

- Vetgedrukt gebruik je voor titels en kopjes.
- Variatie in lettergrootte gebruik je alleen voor titels en kopjes.
- Gebruik altijd een 12-puntslettertype, regelafstand 1,5 en de standaardmarges van Word: boven/onder 2,54 cm (1 inch), links/rechts 3,17 cm (1,25 inch).
- Voeg rechtsonder paginanummers aan het artikel toe.

Hieronder staat een voorbeeld van een tekstfragment waarin de alinea-indeling en de typografische vormgeving goed zijn weergegeven.

Alinea-indeling

Grotere, vetgedrukte letter voor de titel →

Mannen en vrouwen niet zo verschillend als gedacht

In de media wordt regelmatig de suggestie gewekt dat mannen en vrouwen zo verschillend zijn als twee planeten – Mars en Venus. Onderzoek laat zien dat de verschillen in werkelijkheid niet zo groot zijn als de media ons willen laten geloven.

Mannen en vrouwen blijken meer gelijkenissen dan verschillen te vertonen wanneer gekeken wordt naar persoonlijkheid, communicatie, cognitieve mogelijkheden en leiderschap dan over het algemeen gedacht wordt. Uit meta-analyse van studies naar sekseverschillen zijn op bijna alle onderzochte psychologische variabelen geen of zeer kleine verschillen gevonden. Er zijn wel verschillen te zien met betrekking tot motorische vaardigheden, bepaalde aspecten van seksualiteit en fysieke agressie. Zo kunnen mannen verder gooien dan vrouwen, staan zij anders tegenover seks zonder vaste relatie en zijn zij vaker fysiek agressief.

Eén keer enter en enkele posities inspringen voor nieuwe alinea →

Het benadrukken en vergroten van verschillen tussen mannen en vrouwen in de media heeft invloed op beide geslachten wat betreft werk, ouderschap en relaties. Tijdschriften en boeken waarin beschreven wordt dat mannen en vrouwen niet goed met elkaar kunnen omgaan en elkaar niet goed begrijpen omdat ze op een andere manier zouden communiceren, kunnen invloed hebben op de mate waarin we trachten met elkaar te communiceren. Geven we misschien te snel op, omdat we zijn gaan geloven dat de communicatieverschillen tussen mannen en vrouwen te groot zijn?

Bron: Tops, H. (2005). *Mannen en vrouwen niet zo verschillend als gedacht*. Verkregen van http://www.psycholoog.net

Vuistregel 12
Zorg voor een verzorgd uiterlijk van je artikel door een consistente alinea-indeling te maken en door niet te veel typografische kenmerken te gebruiken.

Oefening 10

Opsommingen
Soms is het handig om puntsgewijze opsommingen te gebruiken in je artikel. Je kunt elementen nummeren om leesfouten te voorkomen of om de volgorde of relatie tussen elementen duidelijk te maken. Dit laatste gaat vooral op als de opsomming bestaat uit complexe of uitgebreide elementen. Wanneer een puntsgewijze opsomming niet bijdraagt aan de leesbaarheid van een tekst, kun je de informatie beter weergeven in een lopende tekst met 'ten eerste', 'ten tweede', enzovoort. Wanneer je namelijk veel puntsgewijze opsommingen gebruikt, komt je tekst meer over als een schematische samenvatting voor studiedoeleinden dan als een wetenschappelijk artikel. Voor de lezer is het fijner om een doorlopende tekst te lezen. Puntsgewijze opsommingen maken de lay-out van de tekst onrustig en het leestempo hapert erdoor. Bedenk dus goed of het wel nodig is om informatie puntsgewijs neer te zetten.

Wanneer je wel puntsgewijze opsommingen gebruikt, volg dan de richtlijnen van de APA:

- Gebruik een letter voor opsommingen binnen een paragraaf of zin (notatie: kleine letter tussen haakjes).

  Voorbeeld:
  De deelnemers konden kiezen tussen (a) samenwerken met een andere deelnemer, (b) samenwerken in een team en (c) alleen werken.

- Bij een opsomming van drie of meer elementen, gebruik je een komma om de elementen te scheiden. Wanneer je al komma's gebruikt binnen de elementen van de opsomming, gebruik dan een puntkomma om de elementen te scheiden.

- Gebruik een cijfer voor opsommingen waarbij de tekst één element is van de opsomming (notatie: cijfer met punt).

   Voorbeeld:
   Uitgaande van de theorie over aangeleerde hulpeloosheid voorspellen we dat depressieve en niet-depressieve deelnemers de volgende inschattingen zullen maken over controle:

   1. Niet-depressieve deelnemers die blootgesteld werden aan ... [alinea gaat verder].
   2. Depressieve deelnemers die blootgesteld werden aan ... [alinea gaat verder].
   3. Depressieve en niet-depressieve deelnemers in de controlegroep ... [alinea gaat verder].
   Bron: *APA Publication Manual*, p. 117, Separate paragraphs in a series.

In elke opsomming – in een lopende tekst of puntsgewijs – moet elk item syntactisch en conceptueel gelijk zijn aan de andere items in de opsomming. Lees ter illustratie zin 1 en 2.

   Voorbeeld niet-parallelle constructie (fout):
   1. De deelnemers werd gevraagd om het zich gemakkelijk *te maken*, de instructie *te lezen* en *dat ze vragen moesten stellen* als iets niet duidelijk was.

   Voorbeeld parallelle constructie (goed):
   2. De deelnemers werd gevraagd om het zich gemakkelijk *te maken*, de instructie *te lezen* en vragen *te stellen* als iets niet duidelijk was.

Vuistregel 13

Gebruik alleen een opsomming als deze de leesbaarheid van de tekst verbetert. Wanneer je een opsomming gebruikt, volg dan de APA-richtlijnen.

Oefening 11

Afkortingen
Een afkorting kan een woord, woordgroep, eenheid, naam of term weergeven. In een wetenschappelijk artikel mogen geen 'algemene afkortingen' voorkomen, maar wel 'specifieke afkortingen'. Algemene afkortingen zijn afkortingen zoals d.m.v. (door middel van) of o.a. (onder andere). 'Specifieke afkortingen' zijn afkortingen die gebruikelijk zijn in een bepaald vakjargon. Voorbeelden van deze afkortingen zijn ADHD (Attention Deficit Hyperactivity Disorder) of CZS (Centraal Zenuwstelsel).

Je kunt niet zomaar afkortingen in je tekst zetten. Je gebruikt een afkorting als de term die je wilt afkorten, veel woorden bevat en te lang is om steeds op te schrijven. Je kort ook alleen af als je de afkorting in het vervolg van de tekst frequent (meer dan drie keer) moet opschrijven.

Meestal worden in afkortingen van vaktermen hoofdletters gebruikt, en geen punten. Specifieke afkortingen staan over het algemeen niet in het woordenboek. In de artikelen die je leest over jouw onderwerp, worden meestal specifieke afkortingen gebruikt, en het is dan ook gebruikelijk om die aan te houden.

Een belangrijke regel is dat je de specifieke afkorting uitlegt wanneer je deze *voor het eerst gebruikt*, zoals in tekst 1.

1. In dit artikel wordt het sociaal functioneren van adolescenten met obsessieve-compulsieve stoornis (OCS) besproken. De eerste symptomen van OCS manifesteren zich meestal rond de leeftijd van 20 jaar [...].

Een titel of kopje is geen goede plek om een afkorting voor het eerst te introduceren. In dat geval kun je de term beter voluit schrijven. In de tekst die volgt, kun je bij het eerstvolgende gebruik van die term de afkorting geven.

Dus niet:

De Obsessieve-Compulsieve Stoornis (OCS)
In dit artikel wordt het sociaal functioneren van adolescenten met OCS besproken. De eerste symptomen van OCS manifesteren zich meestal rond de leeftijd van twintig jaar [...].

Maar:

De Obsessieve-Compulsieve Stoornis
In dit artikel wordt het sociaal functioneren van adolescenten met een Obsessieve-Compulsieve Stoornis (OCS) besproken. De eerste symptomen van OCS manifesteren zich meestal rond de leeftijd van twintig jaar [...].

Verder moet je afkortingen in figuren en tabellen altijd uitleggen, ook al zijn ze eerder in de tekst genoemd. Dit omdat figuren en tabellen op zichzelf moeten staan. Probeer verder te vermijden dat afkortingen voor het eerst geïntroduceerd worden in figuren of tabellen.

Vuistregel 14
Gebruik alleen *specifieke* afkortingen en verklaar de afkorting meteen de eerste keer dat je deze gebruikt.

Oefening 12

Getallen in de tekst
Getallen in de tekst kun je noteren in woorden of in cijfers. De algemene regel is dat je getallen tot 10 uitschrijft (één, twee, drie) en getallen vanaf 10 met een cijfer aangeeft (10, 11, 12). Op deze basisregel zijn enkele uitzonderingen. Onderstaande schema's geven een totaal overzicht van de APA-normen voor de notatie van getallen.

Gebruik cijfers als:	Voorbeeld:
Het getal 10 of hoger is	11 taken, 200 proefpersonen
Het getal onder de 10 bij een getal boven de 10 hoort	3 van de 21 personen, 2 van de 200 studenten
Er een maat volgt	5 mg; 25.6 cm
Getallen een wiskundige functie hebben	3 %; vermenigvuldigd met 5; 0.36 van ...
Getallen een tijd, data, leeftijd, aantal proefpersonen, samples, scores of bedragen weergeven	5 ratten, 14 februari, 02.28 uur, 4-jarigen, in 3 jaar tijd, 4 weken geleden
Getallen een plaats in een reeks aangeven	Rij 5, tabel 3, bladzijde 2, hoofdstuk 1
Getallen in een samenvatting staan	

Schrijf getallen uit als:	Voorbeeld:
Het getal onder de 10 is	Eén, twee, drie, ..., negen student(en)
De getallen *één* en *nul* dan beter leesbaar zijn	Eencellig, nulhypothese
Het getal een begin is van een zin, titel, kopje	Vierhonderd proefpersonen verbeterden...
Breuken	Een vijfde, twee derde, vijf achtste
Vaste combinaties	Tien Geboden, onder vier ogen

Vuistregel 15
Vermeld getallen in de tekst volgens de APA-richtlijnen.

Oefening 13

Figuren en tabellen
Er zijn ook regels van de APA voor de manier waarop je figuren plaatst in je tekst. Allereerst moet een grafiek, schema of plaatje zonder uitleg interpreteerbaar zijn. Het gaat erom dat ze de tekst verduidelijken en geen overbodige of ingewikkelde weergave zijn van een aspect uit de tekst. Omdat een figuur ook zonder tekst te interpreteren moet zijn, moet de titel duidelijk maken waarover de figuur gaat. Daarbij moet de figuur ook een nummer hebben, zodat je er in de tekst naar kunt verwijzen. Meestal staat de figuur vlak onder de tekst die erop van toepassing is, maar je moet altijd naar een figuur verwijzen. Tot slot heeft de figuur een onderschrift met een korte uitleg. Daarbij worden het woord Figuur en het nummer cursief weergegeven, gevolgd door een punt en de titel. Wanneer je een figuur gedeeltelijk of helemaal overneemt uit het werk van iemand anders, dan moet je ook de bron vermelden.
Hieronder staat een voorbeeld van het correct gebruik van een figuur in een tekst.

Figuurgebruik

Een andere dimensionale benadering op persoonlijkheid is het interpersoonlijke circumplexmodel (Wiggins, 1982). Volgens dit model kan persoonlijkheid door twee dimensies beschreven worden: de mate van zorgzame instelling (van afstandelijk tot verzorgend) en de mate van dominantie (van toegeeflijk tot dominant). Figuur 1 laat zien hoe een kruising van deze twee dimensies uitkomt op acht persoonlijkheidsbeschrijvingen. Een persoon die erg dominant en erg verzorgend is, heeft dus een gezellige en extraverte persoonlijkheid.

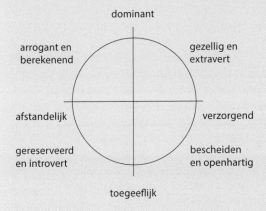

Figuur 1. Het interpersoonlijke circumplexmodel van persoonlijkheid

Bij het interpersoonlijke circumplexmodel van persoonlijkheid wordt ervan uitgegaan dat de meeste persoonlijkheidskenmerken weer te geven zijn op een assenstelsel met twee dimensies: mate van zorgzame instelling en mate van dominantie.
Bron: Wiggings & Pincus, 1994.

Voor tabellen gelden dezelfde regels als voor figuren. Wanneer je in een tabel data (getallen) wilt presenteren, zijn daar ook weer speciale vormvoorschriften voor. Deze worden hier niet in detail behandeld; daarvoor kun je zelf de APA-richtlijnen raadplegen. Een tabel kan ook woorden bevatten. Een verschil met de weergave van tabellen in vergelijking met figuren is dat de titel boven de tabel moet staan. 'Tabel' wordt met een hoofdletter geschreven, daaronder staat de titel cursief. Hieronder vind je een voorbeeld van het correcte gebruik van een tabel in een tekst.

Tabelgebruik

Systematische desensitisatie is een therapievorm waarin een angstrespons geleidelijk wordt uitgedoofd. Bij deze methode maakt de patiënt een hiërarchie van situaties waarin hij angst ervaart. In tabel 1 is een voorbeeld opgenomen van een hiërarchie van iemand met een slangenfobie.

Tabel 1
Angsthiërarchie bij slangenfobie

Dit is een hiërarchie van gevreesde stimuli voor iemand met een slangenfobie, oplopend van de minst gevreesde stimulus tot de meest gevreesde stimulus.

Het woord slang horen
Zich in de verte een slang voorstellen in een gesloten container
Zich in de verte een vrij rondkruipende slang voorstellen
Zich dichtbij een slang voorstellen in een gesloten container
Kijken naar een foto of plaatje van een slang
Kijken naar een film of video met een slang
Een slang zien in een container in dezelfde kamer
Een vrij rondkruipende slang zien in dezelfde kamer
Kijken naar iemand die een slang vast heeft
Een slang aanraken
Een slang vasthouden
Spelen met een slang

Voorbeeldfiguur persoonlijkheidsmodel en tabel slangfobie afkomstig uit: Nolen-Hoeksema, S. (2001). *Abnormal Psychology* (2nd ed.). Boston, MA: McGraw-Hill.

Vuistregel 16
Plaats alleen figuren en tabellen als ondersteuning van de tekst en doe dit volgens de APA-richtlijnen.

Oefening 14

Kennistest vraag 1 t/m 11

Overzicht van de vuistregels van ViP-9: Revisie en afwerking

1. Let op het correct gebruik van verwijswoorden in je artikel (wat, dat, die, dit, deze, hen en hun).
2. Vermijd stijlfouten zoals pleonasme, tautologie, incongruentie tussen onderwerp en persoonsvorm en contaminatie.
3. Let op welke woorden je aan elkaar en welke je los moet schrijven.
4. Schrijf in het Nederlands. Gebruik alleen anderstalige begrippen als er verwarring over het vertaalde begrip zou kunnen bestaan, en zet het anderstalige begrip cursief.
5. Begin zinnen niet met 'En'.
6. Gebruik bij de werkwoorden 'kunnen', 'zullen' en 'willen' de formele vervoeging bij de tweede persoon enkelvoud.
7. Gebruik niet alleen de spellingscontrole van Word om je tekst te controleren, maar kijk ook zelf grondig naar je spelling.
8. Zorg dat de interpunctie correct is en gebruik geen overbodige leestekens.
9. Ga bij de laatste revisie na of alle vereiste informatie per onderdeel van je artikel goed beschreven is.
10. Wees bondig maar duidelijk in het aanbieden van informatie; schrap overbodige tekst.
11. Bekijk of je verhaal goed te volgen is voor de doelgroep en probeer waar nodig abstracte stukken te concretiseren door een voorbeeld te geven.
12. Zorg voor een verzorgd uiterlijk van je artikel door een consistente alinea-indeling te maken en door niet te veel typografische kenmerken te gebruiken.
13. Gebruik alleen een opsomming als deze de leesbaarheid van de tekst verbetert. Wanneer je een opsomming gebruikt, volg dan de APA-richtlijnen.
14. Gebruik alleen *specifieke* afkortingen en verklaar de afkorting meteen de eerste keer dat je deze gebruikt.
15. Vermeld getallen in de tekst volgens de APA-richtlijnen.
16. Plaats alleen figuren en tabellen als ondersteuning van de tekst en doe dit volgens de APA-richtlijnen.

Bijlage: Beoordelingsformulier schrijfonderwijs

Beoordeling op basis van ViP-1 t/m 9 van *Zelf leren schrijven*

Algemene structuur	
Het verslag bevat een samenvatting, inleiding, middenstuk, discussie en conclusie	+ +/- -
De titel van het verslag geeft duidelijk aan waar het over gaat	+ +/- -
De kopjes in het verslag geven de inhoud goed weer	+ +/- -
Het onderwerp wordt duidelijk geïntroduceerd	+ +/- -
De centrale vraagstelling staat duidelijk beschreven	+ +/- -
De centrale vraagstelling is specifiek genoeg geformuleerd	+ +/- -
Er worden duidelijke antwoorden op de vraag geformuleerd	+ +/- -
Er is een goede alinea-indeling gemaakt	+ +/- -
De alinea's zijn niet te kort of te lang	+ +/- -
Structuur en inhoud van de verschillende onderdelen	
Samenvatting In de samenvatting zijn de volgende onderdelen goed beschreven:	
– het onderwerp	+ +/- -
– het doel of de vraagstelling	+ +/- -
– de reikwijdte (het domein waarop de vraagstelling betrekking heeft)	+ +/- -
– gebruikte bronnen (vermelding dat de informatie op literatuuronderzoek gebaseerd is)	+ +/- -
– de conclusies	+ +/- -
De samenvatting bevat geen algemene afkortingen, geen informatie die niet in het verslag staat, geen commentaar (persoonlijke opmerkingen) of citaten	

De inleiding			
In de inleiding zijn de volgende onderdelen goed beschreven: - introductie van het onderwerp - korte schets van het probleemgebied - onderbouwing van de vraag vanuit een theoretisch kader - duidelijke centrale vraag - een stelling (in een wetenschappelijk betoog) - korte beschrijving opbouw artikel	+ + + + +	+/- +/- +/- +/- +/-	- - - - -
Het middenstuk			
- De student beperkt zich tot relevante informatie - De gegeven informatie heeft een logische opbouw - De literatuur is kritisch verwerkt en de verschillende bronnen zijn met elkaar in verband gebracht - Er is voldoende gebruikgemaakt van structuuraanduiders (overzicht geven, overgangen aangeven, tussentijdse samenvattingen)	+ + + +	+/- +/- +/- +/-	- - - -
Discussie en conclusie			
In de discussie en conclusie zijn de volgende onderdelen goed beschreven: - herhaling centrale vraag - korte samenvatting hoofdbevindingen - uiteindelijke conclusie (het antwoord op de centrale vraag) - kritische bespreking van de bevindingen - suggesties voor vervolgonderzoek - implicaties voor theorie en/of praktijk	+ + + +	+/- +/- +/- +/-	- - - -
Samenhang			
De samenhang tussen alinea's is goed (goede overgangen, onderling verband tussen alinea's is duidelijk) De samenhang tussen zinnen is goed (eenduidige verwijzingen, zinnen sluiten goed op elkaar aan en springen niet van 'de hak op de tak')	+ +	+/- +/-	- -
Zinsconstructies			
Zinnen zijn helder geformuleerd (niet te veel passieve zinsconstructies, afwisselende zinslengte met niet te veel lange zinnen, geen tangconstructies, geen omslachtige formuleringen en niet te veel naamwoordconstructies)	+	+/-	-

Bijlage: Beoordelingsformulier schrijfonderwijs

Referenties	
Referenties in de tekst hebben de juiste notatie (APA-stijl)	+ +/- -
Referenties in de tekst staan op een goede plaats	+ +/- -
Referenties in de referentielijst hebben de juiste notatie (APA-stijl)	+ +/- -
Referenties in de referentielijst staan in de juiste volgorde	+ +/- -
Er zijn voldoende bronnen gebruikt	+ +/- -
Ideeën van andere auteurs zijn goed in eigen woorden weergegeven	+ +/- -
De tekst bevat geen referenties die niet in de referentielijst staan en vice versa	+ +/- -
Taalgebruik	
De tekst bevat geen fouten op het gebied van spelling en grammatica	+ +/- -
De tekst is in een wetenschappelijke schrijfstijl geschreven (formeel, objectief, voorzichtig geformuleerd waar nodig; geen spreektaal)	+ +/- -
Er zijn goede Nederlandse zinnen gemaakt	+ +/- -
Er is gebruikgemaakt van juiste interpunctie	+ +/- -
Anderstalige begrippen die moeilijk te vertalen zijn, staan cursief weergegeven	+ +/- -
Argumentatie en inhoudelijke diepgang	
De aangevoerde argumenten zijn goed opgebouwd	+ +/- -
Er zijn geen drogredenen gebruikt	+ +/- -
De verschillende bronnen zijn goed geïntegreerd	+ +/- -
De bevindingen uit de literatuur worden op kritische wijze besproken om tot een genuanceerde conclusie te komen	+ +/- -
Het inhoudelijke niveau is goed	+ +/- -
De tekst is bondig genoeg (geen overbodige uitweidingen)	+ +/- -
Vormvoorschriften	
De algemene lay-out is overzichtelijk en consistent	+ +/- -
Het artikel is … tot … pagina's lang, lettertype Times New Roman, lettergrootte 12 en regelafstand 1,5	+ +/- -
Tussen de titel en de samenvatting staan naam student, departement, faculteit, universiteit en studentnummer vermeld	+ +/- -
Het artikel bevat een paginanummering (rechts onderaan de pagina)	+ +/- -
Eventuele tabellen en figuren zijn juist weergegeven	+ +/- -
Er wordt in de tekst verwezen naar eventuele tabellen en figuren	+ +/- -
Afkortingen zijn correct gebruikt	+ +/- -
Getallen zijn op de juiste manier weergegeven	+ +/- -
Eventuele opmerkingen	

Geraadpleegde literatuur

American Psychological Association. (2010). *Publication Manual of the American Psychological Association, 6th edition*. Washington, DC: APA.

Berg, B. A. M. van den, Admiraal, W. F., & Pilot, A. (2001). Intercollegiale beoordeling van schrijfproducten [Elektronische versie]. *Tijdschrift voor Hoger Onderwijs, 19*(1), 19-32.

Berg, B. A. M. van den, Admiraal, W. F., & Pilot, A. (2003). Peerassessment in universitair onderwijs: Een onderzoek naar bruikbare ontwerpen [Elektronische versie]. *Tijdschrift voor Hoger Onderwijs, 21*(4), 251-272.

Braas, C., Geest, E. van der, & Schepper, A. de. (2001). *Argumenteren*. Groningen, Nederland: Wolters-Noordhoff.

Burger, P., & Jong, J. de. (2002). *Handboek stijl: Adviezen voor aantrekkelijk schrijven, 2e druk*. Den Haag, Nederland: Sdu Uitgevers.

Eemeren, F. H. van, Grootendorst, R., & Kruiger, T. (1983). *Argumentatieleer*. Groningen, Nederland: Wolters-Noordhoff.

Fairbairn, G. J., & Winch, C. (1996). *Reading, writing and reasoning: A guide for students*. Buckingham, United Kingdom: Open University Press.

Haag, E., & Dirven, J. (1999). *Schrijven in stappen: Handboek voor de verslaglegging van literatuuronderzoek*. Utrecht, Nederland: Lemma.

Lamers, H. A. J. M. (1993). *Hoe schrijf ik een wetenschappelijke tekst?* Bussum, Nederland: Coutinho.

Onrust, M., Verhagen, A., & Doeve, R. (1993). *Formuleren*. Houten, Nederland: Bohn Stafleu Van Loghum.

Reinsma, R. (2003). *De tekstdokter*. Utrecht, Nederland: Het Spectrum.

Renkema, J. (2012). *Schrijfwijzer*. Amsterdam, Nederland: Boom.

Soudijn, K. (1998). *Scripties schrijven in de sociale wetenschappen*. Houten, Nederland: Bohn Stafleu Van Loghum.

Spek, E. J. van der. (1996). *Schrijven met perspectief: Structuuradviezen voor schrijvers*. Groningen, Nederland: Nijhoff.

Spek, E. J. van der. (2002). *Overtuig uw publiek! Doeltreffende toespraken en presentaties schrijven*. Alphen aan den Rijn, Nederland: Kluwer.

Steehouder, M., Jansen, C., Maat, K., Staak, J. van der, & Woudstra, E. (1992). *Leren communiceren: Handboek voor mondelinge en schriftelijke communicatie*. Groningen, Nederland: Wolters-Noordhoff.

Sternberg, R. J. (2003). *The psychologist's companion: A guide to scientific writing for students and researchers, 4th edition*. Cambridge, United Kingdom: Cambridge University Press.

Internetsites

www.onzetaal.nl: de website van taalgenootschap Onze Taal
www.worldwidewriting.com: website over schrijfvaardigheden van de Katholieke Universiteit Nijmegen
www.rug.nl/noordster: website over schriftelijke en mondelinge vaardigheden van de Rijksuniversiteit Groningen

Trefwoordenregister

A

afkortingen 144, 145
afwerking 129
afwisselend woordgebruik 116
algemene opbouw van een wetenschappelijk reviewartikel 48
algemene structuur 20
alinea-indeling 142
alinea's 17, 21, 22, 23, 140
argumentatie 89, 94, 95, 96
argumentatieschema's 92, 94
argumentatievormen 91
argumenteren 91

B

betogende review 27
bondig schrijven 138

C

centrale vraagstelling 17, 20, 21
chronologische indeling 55
citatiemethode 40
citeren 70, 84, 85
cohesie 105, 109
concretiseren 139, 140

D

discussie en conclusie 59, 62
doi-code 74, 75
drogredenen 95, 96

F

figuren 146, 149

G

getallen 145, 146
grammatica 130

I

implicaties voor de praktijk 59
implicaties voor de theorie 59
implicaties voor theorie en/of praktijk 62
inleiding 48, 49, 50, 51
interesse opwekken bij het publiek 52
interpunctie 135, 137

K

kopjes 18, 19
kritische bespreking 62
kritische discussie 59
kritische kanttekening 60
kritische review 26

L

lengte van de zin 110, 111
literatuur beschrijven en verwerken 57

M

methodische indeling 55
methodologische review 27
middenstuk 54
moeilijk woordgebruik 125

N

naamwoordconstructies 111

O

objectieve schrijfstijl 122, 123
omslachtige formuleringen 112, 113
onderbouwen 90
opsommingen 142, 143
ordenen van de relevante informatie 54

oriëntatie op het onderwerp 33
overgangszin 60
overzicht referentieregels 86

P

parafraseren 70, 82, 83, 102
passieve vorm 112

R

referentielijst 71, 72, 76, 77
refereren 70, 78, 79, 80
refereren in de tekst 78
refereren, parafraseren, citeren 69
revisie 129, 130, 138
revisie en afwerking 30

S

samenhang 105, 108
samenvatting 62, 63, 64, 65, 66
schrijftaal 115, 116
schrijven van de inhoud 29, 47
seksistisch taalgebruik 119, 120
selecteren van literatuur 42, 43
signaalwoorden 60, 94
sneeuwbalmethode 40
spelling 134
spreektaal 115, 116
structuur 18
structuuraanduiders 58, 60
structuur wetenschappelijk review-artikel 25
suggesties voor vervolgonderzoek 59, 62
synoniemen 110, 117
systematische methode 39
systematische review 27

T

tabellen 146, 147, 149
tangconstructies 113, 114
tautologie 131
thematische indeling 55
theoretisch kader 49
theoretische review 27
titel 18, 19

V

verwijswoorden 106, 107, 108, 130
voorbereiding op het schrijven 28, 33
vormvoorschriften 140
vraagstelling 36
vuistregels ViP-1 23
vuistregels ViP-2 31
vuistregels ViP-3 45
vuistregels ViP-4 67
vuistregels ViP-5 86
vuistregels ViP-6 103
vuistregels ViP-7 114
vuistregels ViP-9 149

W

werkwoordstijden 120, 121
wetenschappelijk review-artikel 26
wetenschappelijk taalgebruik 121
wetenschappelijke argumentatie 97
wetenschappelijke schrijfstijl 115, 121

Z

zinsconstructies 105, 110, 112
zoekprofiel 35, 36, 37, 38, 41

Over de auteurs

Drs. Margriet Ackermann was coördinator en ontwikkelaar van het schrijfvaardigheidsonderwijs aan het Instituut voor Psychologie van de Erasmus Universiteit Rotterdam. Daarnaast was zij wetenschappelijk docent in bachelorfase 1 en 2, waar zij studenten begeleidde in onderwijsgroepen en in practicumbijeenkomsten van ander vaardigheidsonderwijs.

Eveline Osseweijer is ICT-medewerker en programmeur aan het Department of Psychology, Education and Child Studies van de Erasmus Universiteit Rotterdam. Voordien werkte zij als docent op verschillende scholen in het middelbaar onderwijs.

Prof. dr. Henk Schmidt is emeritus hoogleraar psychologie aan de Erasmus Universiteit Rotterdam en was bouwdecaan van een nieuwe opleiding met dezelfde naam. Voordat hij naar Rotterdam kwam, werkte hij aan de Universiteit Maastricht. Hij was daar onder andere hoogleraar cognitieve psychologie. Hij is gespecialiseerd in leren en geheugen, en heeft veel gepubliceerd over probleemgestuurd leren en de ontwikkeling van expertise in allerlei domeinen.

Prof. dr. Henk van der Molen is hoogleraar Psychologie aan het Department of Psychology, Education and Child Studies van de Erasmus Universiteit Rotterdam. Hij heeft een jarenlange ervaring in de opzet, uitvoering en evaluatie van trainingen in professionele communicatieve vaardigheden.

Estella van der Wal, MSc is coördinator van een groot aantal vaardigheidsvakken in bachelorfase 1, waaronder het schrijfvaardigheidsonderwijs, aan het Department of Psychology, Education and Child Studies van de Erasmus Universiteit Rotterdam.

Dr. Marike Polak is universitair docent aan het Department of Psychology, Education and Child Studies van de Erasmus Universiteit Rotterdam. Zij is betrokken bij verschillende vormen van methodenonderwijs, waaronder statistiek en wetenschappelijke schrijfvaardigheid.